F. v. Semil

Ich wusste schon immer, dass ich etwas Besonderes bin!

… zumindest für meine Mutter

Copyright: © 2021 F. v. Semil
Lektorat: Erik Kinting – www.buchlektorat.net
Satz: Erik Kinting

Verlag und Druck:
tredition GmbH
Halenreie 40-44
22359 Hamburg

978-3-347-14928-1 (Paperback)
978-3-347-14929-8 (Hardcover)
978-3-347-14930-4 (e-Book)

Bibliografische Information der Deutschen Nationalbibliothek:
Die Deutsche Nationalbibliothek verzeichnet diese Publikation in der Deutschen Nationalbibliografie; detaillierte bibliografische Daten sind im Internet über http://dnb.d-nb.de abrufbar.

Danke zu sagen habe ich:

Meinen Eltern und meiner Oma für ihre bedingungslose Liebe.

Meinen Kindern, die ich bedingungslos liebe. Das gilt auch schon für deren Kinder.

Meiner großen Schwester für ihre Fürsorge in Kindertagen.

Meiner kleineren Schwester für ihre lebenslangen Bemühungen um mich.

Bei meinen wenigen besonderen und bei den vielen guten Freunden, die mein Leben bunt und spannend gemacht haben, auch wenn sie im Buch nicht explizit erwähnt werden.

Bei denen, die spät in mein Leben traten und in diesem Buch keine angemessene Berücksichtigung mehr fanden, obwohl sie ein eigenes Buch verdient hätten.

Bei den vielen anderen Menschen, die mich wohlwollend durch mein Leben begleitet haben oder auch nur für kurze Zeit zugegen waren.

Bei Karsten und Simone.

Besonderen Dank zu sagen habe auch meinem Lektor Erik Kinting. Ohne ihn wäre das Ganze nur bedauernswertes *Geschreibsel* geblieben.

Der größte Dank gilt meiner Frau für das von Liebe und Glück verwöhnte Zusammenleben mit ihr.

Um Entschuldigung bitte ich all die, die ich gekränkt, beleidigt oder anderweitig ungerecht behandelt habe.

Alle Namen in diesem Buch wurden geändert.

Bevor ihr dieses Buch lest ...

Natürlich habe ich mich in der Zwischenzeit immer wieder selbst gefragt und auch von Freunden, denen ich davon erzählte, warum ich dieses Buch geschrieben habe. Eine ehrliche Antwort darauf zu geben ist nicht ganz einfach, es gibt auf jeden Fall mehrere. Eine gewisse Schönfärberei lässt sich dabei kaum verhindern, möchte doch jeder gerne geliebt und gelobt werden. Aber versuchen wir es mal:

Beim gemütlichen Beisammensein – in den letzten Jahren am häufigsten nach Golfrunden aber auch mit anderen lieben Freunden – werden immer mal die sogenannten *Dönekes* erzählt, kleine Begebenheiten aus vergangenen Tagen. Mal lustig, mal spannend und meistens unterhaltsam. Besonders dann, wenn der Vortragende die Kunst der Pointe beherrscht. Am Ende solcher Erzählrunden heißt es dann oft: *Eigentlich müsste man das mal aufschreiben.* Dabei bleibt es dann aber auch. Diesen Kreis habe ich nun durchbrochen und es getan. Ich habe es aufgeschrieben! Und zwar – auch dieser Hinweis ist notwendig – solange es noch ging. Wenn ich dereinst gestorben bin, ist auch meine innere Festplatte verschwunden. Das wird die Welt nicht schwer treffen, aber meine Nachfahren werden bald nur noch wissen, dass da mal ein Großvater oder Urgroßvater war, was er jedoch gefühlt, gedacht oder erlebt hat, das weiß von ihnen keiner mehr. Ich zum Beispiel habe keinerlei Erinnerung an die Eltern meiner Mutter, die beide sehr früh gestorben sind. Wie schön wäre es, wenn sie von ihrem Leben etwas aufgeschrieben hätten, über das ich heute schmunzeln oder lachen könnte und das sie mir menschlich näher bringen würde. Das ist ein Grund.

Ein weiterer Grund ist: Ich bin eitel! Eitelkeit ist meiner Meinung nach sehr weit verbreitet, aber die wenigsten trauen sich, sich das einzugestehen. Im Geschäftsleben habe ich immer wieder erlebt, wie geschickte Verkäufer die Eitelkeit ihrer Kunden nutzen: Sie versuchen schnell herauszufinden, an welcher Stelle der Kunde am eitelsten ist, und verwenden das für ihre Strategie; häufig sicher unbewusst, aber sehr wirksam. Es geht dabei um Dinge, die mit dem eigentlichen Geschäft überhaupt nichts zu tun haben: die hübsche Ehefrau oder die wohlgeratenen Kinder, der schöne Garten, die geschmackvolle Einrichtung oder das interessante Hobby ... alles Mögliche eignet sich dazu, den Kunden vom eigentlichen Anliegen des Verkäufers abzulenken. Und da ja bekanntlich jeder gelobt und geliebt werden möchte, ist hier der Hebel, um anzusetzen. Manchen Verkäufern gelingt es sogar, sich als Freund oder Wohltäter zu tarnen, denn auch dieser Zugang zu einem anderen Menschen erfolgt am besten über die Befriedigung der Eitelkeit. Spricht man das Thema *Eitelkeit* einmal an, erntet man fast nur Unverständnis, nach dem Motto: *Die anderen, ja, aber ich doch nicht. Ich stehe über solchen menschlichen Schwächen.*

Dass ich meiner eigenen Eitelkeit seit vielen Jahren sehr gelassen gegenüber stehe, verdanke ich einem Zitat, das dem großen Mahatma Gandhi zugesprochen wird. Der Mann aus reichem Hause, ging nach seinem Jurastudium in London nach Südafrika und geriet sofort in die Fänge der Apartheidspolitik des Landes. Als er für die Rechte der Farbigen eintrat, kam er ins Gefängnis. Kaum entlassen, wurde er von Journalisten empfangen, die ihn fragten, warum er sich das antue, er sei doch ein reicher Mann und hätte dergleichen doch gar nicht nötig? Darauf antwortete der weise Mann: »Meine Herren, Sie müssen mich nicht bedauern. Alles, was ich tat, tat ich, um mir selbst zu gefallen!« Wer das erfahren hat, braucht sich für seine eigene Eitelkeit nicht mehr zu schämen und kann offensiv damit umgehen. Übrigens lässt sich mit diesem Satz fast das gesamte menschliche Handeln erklären – warum jemand Politiker geworden ist oder auch der Lebensweg von Mutter Theresa. Jetzt möchte ich aber noch kurz darauf eingehen, warum ich für dieses Buch ein Pseudonym verwende. Der Name hat tatsächlich etwas mit mir, beziehungsweise meinen Vorfahren zu tun. Die *von Semil* wurden am 15. Juli 1560 in Wien in den Adelsstand erhoben und durften ein Wappen tragen. Der ursprüngliche Name des Geadelten war *Wenzel Auliczny*, er kam aus der Stadt Semil in Böhmen/Tschechien. Ein Abkömmling der Familie gelangte nach Ostpreußen, wo der Name später *von Zemehl* geschrieben wurde. Dort verliert sich der Name um 1700, letztmalig erwähnt in Verbindung mit dem Gut *Leip*. Danach stirbt die männliche Linie aus. Meine Urgroßmutter väterlicherseits wurde noch auf dem Gut geboren. Mein Vater hat das Gut im heutigen Polen besucht und nur noch Reste vorgefunden. Meinen richtigen Namen möchte ich deshalb nicht auf dem Umschlag des Buches sehen, weil noch zu viele Menschen leben, die ich erwähne. Mein Lehrmeister zum Beispiel kommt ja nicht gerade glimpflich davon, wenn ich von ihm berichte. Seine Frau und seine Kinder, die mich selbstverständlich kennen, möchte ich hier nicht mit meinem richtigen Namen kompromittieren. Desgleichen Person, denen ich mal sehr nahe war, es heute aber nicht mehr bin. Deshalb sind alle Ortsangaben auch nur auf den norddeutschen Bereich einzugrenzen und nicht konkreter.

Der wichtigste Grund, warum ich dieses Buch geschrieben habe, ist die Erinnerung an meine Mutter. In dem Buch finden sich fünf oder sechs Schlüsselsätze, die ich mir von der Seele schreiben musste. Aufmerksame Leser/innen werden sie finden. Alles andere ist Beiwerk.

Viel Spaß beim Lesen!

Frühjahr 2020 – Covid-19-Zeit

Ich wusste schon immer, dass ich etwas Besonderes bin – zumindest für meine Mutter!

Ich wurde im Frühjahr 1951 geboren, als drittes Kind meiner Mutter und als zweites meines Vaters, und war somit das jüngste Kind meiner Eltern. Bis dahin – aber das ist eine andere Geschichte. Diese hier ist meine. Völlig subjektiv und einseitig, aber nicht frei von äußeren Einflüssen dargestellt.

Meine Mutter war bei meiner Geburt bereits 41 Jahre alt. Das war zu der Zeit schon ein sehr fortgeschrittenes Alter für eine Frau, um Mutter zu werden. Aber sie hatte es ja vorher schon zweimal geübt; bei meinen Schwestern Waltraud und Karola. Waltraud wurde 1937 geboren, Karola 1949! Die zwölf Jahre dazwischen waren bis auf wenige Ausnahmen sehr, sehr schwere Jahre. Als meine älteste Schwester gerade zwei war, begann das deutsche Volk mit seinem verheerenden Krieg. Ich sage bewusst nicht, *Hitler begann mit seinem verheerenden Krieg*, sondern *das deutsche Volk*. Zwar in völliger Verblendung und aufgeputscht von einem wahnsinnigen System, aber sie waren beteiligt. Auch meine Mutter! Sie war ab 1933 bei großen Sportveranstaltungen in Nürnberg dabei und konnte sich bereits in jungen Jahren mit ihrem ersten Ehemann ein eigenes Haus bauen. *Kraft durch Freude* und andere Verblendungsmechanismen führten bei ihr zu einer großen Begeisterung für das Regime. Endlich verlief ihr Leben in geordneten Bahnen, beide hatten Arbeit und dann auch noch das Wunschkind.

Meine Mutter hatte als kleines Kind den Ersten Weltkrieg noch miterlebt. Die Hungersnöte, die Wirtschaftskrise, die Hilflosigkeit der Weimarer Republik. Unter diesem Eindruck kam einer, der für Ordnung und Wohlstand sorgen wollte, gerade recht. Die Vorspiegelung einer stabilen neuen Weltordnung, mit Wohlstand für alle, Sicherheit für die Familie und wiedergewonnener Bedeutung in der Welt, musste ihrer Meinung nach unbedingt unterstützt werden. Der Kurs, den die Partei vorgab, wurde von meiner Mutter daher gut geheißen und unterstützt.

Doch dann kam das Jahr 1939. Es zeichnete sich ab, dass der Kurs des Regimes geradewegs in einen Krieg führte und ihr Traum ging so schnell zu Ende, wie er gekommen war. Ihr Ehemann musste (und wollte) in den Krieg. Auch das ging ja noch jahrelang gut, mit Siegen und Eroberungen – und Zerrissenheit bei den Menschen. Vielleicht kam es diesmal ja anders, schließlich hatte man Frankreich schon besiegt … Aber es kam nicht anders. Ihr Ehemann musste nach Russland. Er hat von dort Kriegsberichte mit Fotos nach Hause geschickt. Während eines Gefechts traf ihn die tödliche Kugel genau durch das Objektiv seines umgehängten Fotoapparats. Er war 33 Jahre alt, als er starb. Seine ungezählten Kriegsfotos im Format 6x4 cm mit gezacktem Rand lagen noch jahrelang auf unserem Dachboden. Meine Mutter bekam den bekannten Brief, vor dem sich alle Ehefrauen, Mütter, Geschwister und sonstige Verwandten und Bekannten so sehr fürchteten im Herbst 1943. Da stand dann drin, er habe seine Pflicht getan und sein Leben für das *großdeutsche Reich* geopfert.

Diesen Brief hielt ich vor Kurzem noch in Händen und habe ihn an den Sohn meiner Schwester weitergegeben, der ihn in Ehren hält. Es war schließlich sein Großvater, den er niemals kennenlernen durfte. Mein Neffe hat auch besagten Fotoapparat in seinem Besitz. Wenn wir bei einem Familientreffen mal in einer ganz bestimmten Stimmung sind, dann fragt er uns: »Soll ich ihn mal holen?« Diese Augenblicke haben etwas ganz Besonderes für mich. Es geht nicht um Heldenverehrung, denn die jungen Männer waren keine Helden! Sie waren Opfer eines fanatischen, menschenverachtenden Systems, das mit unvorstellbaren Verbrechen eine utopische Weltordnung schaffen wollte und dabei vor keiner Grausamkeit zurückschreckte. Und wenn man dann den Fotoapparat mit dem zertrümmerten Objektiv und dem Austrittsloch der Kugel auf seiner Rückseite in Händen hält, dann richten sich alle Härchen am Körper auf und ein Schaudern stellt sich ein, das ich bei keiner anderen Situation je erlebt habe.

Ja, so ging der Traum meiner Mutter zu Ende und machte Platz für ein Trauma: junge Frau, zwar mit Haus, aber auch mit Kind ohne Vater. Und die schlimmste Zeit ihres Lebens kam ja erst noch: Kriegsende. Nichts zu essen. Nichts zu heizen. Kein Einkommen. Ein hungriges Kind von acht Jahren zu versorgen. In dieser Zeit hat sich meine Mutter mit ihren Geschwistern zu einer Hilfsgemeinschaft zusammengetan. Weil es in unserer Nähe eine bedeutende Bahnlinie vom und zum Ruhegebiet gab, auf der die Kohle als Reparationsleistung für die Alliierten transportiert wurden, gingen meine Mutter und ihre Geschwister nachts an die Bahnlinie zum Kohlenklauen. Meine Mutter als die sportlichste unter den Geschwistern musste auf den Zug springen, nach oben auf den Waggon klettern und die Kohlen vom fahrenden Zug herunterwerfen. Ihre Geschwister liefen am Bahndamm neben dem Zug her und sammelten alles ein. Dafür konnte man dann andere lebensnotwendige Dinge eintauschen. Mit Kohle konnte man sogar die Bauern der Umgebung zur Herausgabe von Lebensmitten bewegen, denn Orientteppiche hatten die Bauern schon genug, die lagen schon dreifach übereinander, sodass sie aufpassen mussten, die Türen zum Wohnzimmer noch aufzukriegen. – Aber Kohle! Das war was! Aber dieser Diebstahl war ja nicht nur strafbar, sondern auch sehr gefährlich. Gelegentlich wurde von den Engländern, die unsere

Region unter ihrer Verwaltung hatten, auch auf die Diebe geschossen, zusätzlich zu der Gefahr, die es bedeutete, auf einen fahrenden Zug aufzuspringen und darauf herumzuklettern. Es ist auch einige Male etwas passiert, was aber immer relativ glimpflich abgelaufen ist. Aber es ging ja auch ums blanke Überleben.

Dann kam die Wende in Form eines jungen Mannes, den die Engländer aus der Kriegsgefangenschaft entlassen hatten. 26 Jahre war er alt und hatte nichts außer dem, was er am Leibe trug, fern der Heimat, die es nicht mehr gab, und abgemagert auf 53 Kilo. An irgendeiner Stelle soll noch ein halber Sack voll Kohlen eine Rolle gespielt haben, aber was die zwei Menschen ansonsten zueinander führte, darüber möchte ich hier nicht spekulieren. Ein Mann und eine zehn Jahre ältere Frau mit Kind … Aber so war es und damit ist dieser Fall für mich erledigt.

Mein Vater, der im Krieg seine Meisterprüfung als Bäckermeister absolvierte, fand Arbeit in der Nähe. Seine Arbeitgeber waren für uns später *Tante Ida* und *Onkel Adolf*, obwohl keine verwandtschaftliche Beziehung zwischen uns bestand. Tante Ida wurde später die Patentante meiner Schwester Karola.

Onkel und Tanten dieser Art hatten wir viele, zum Beispiel alle erwachsenen Nachbarn. Man musste sie nicht siezen, aber einfach nur den Vornahmen zu sagen, das gehörte sich nicht. Später erfuhr ich dann mal, dass Onkel Adolf in die Bäckerei eingeheiratet und vorher etwas ganz anderes gelernt hatte. Das Paar hatte einen Sohn, der 1947 geboren wurde. Im Laufe der Zeit gab es immer mal wieder Berührungspunkte, wie das halt so ist in kleinstädtischen oder dörflichen Strukturen.

Aus dem Arbeitsleben bei Onkel Adolf, der zu der Zeit noch gar nicht der Chef war, sondern ein *Eingeheirateter*, der genauso oder härter arbeiten musste als alle anderen Gesellen, gibt es eine kleine Anekdote: Alle aßen mittags am Tisch zusammen. Der Chef, also Onkel Adolfs Schwiegervater, sprach das Gebet und erst dann durften alle anfangen zu essen. Nun hatte der Chef die Eigenheit, dass er seinen Eintopf besonders heiß herunterzuschlingen vermochte, und wenn er fertig war, wurde wieder gebetet und alle mussten aufhören zu essen. Wer nicht fertig wurde, hatte Pech gehabt und sein Rest vom Teller kam wieder in den Topf – für den nächsten Tag.

Mein Vater kam mit den kleinen Absonderlichkeiten offenbar gut zurecht und war ein hochgeschätzter Mitarbeiter, bis er verkündete, dass er sich selbstständig machen wolle. Da musste alles ganz schnell gehen. Mein Vater hatte sich eine kleine Bäckerei ausgesucht, die nicht weiter betrieben werden konnte, weil der Inhaber nicht aus dem Krieg heimgekehrt war. Die wollte er pachten. Mit dem Fahrrad hat er die Ware, die er nachts gebacken hatte, am Tage ausgeliefert.

Dann kam der ursprüngliche Bäckermeister aber doch noch aus dem Krieg zurück und es musste eine neue Lösung gefunden werden. Hierzu bot sich das kleine Einfamilienhaus meiner Mutter an. Es wurde ein kleiner Raum an das Haus angebaut und als Backstube eingerichtet. Ein mit Holz zu beheizender *Königswinter Ofen* wurde eingebaut, in dem man gut 50 Graubrote zu je fünf Pfund backen konnte. Diese Öfen hatten kein Thermometer. Man wusste nie genau, wie heiß sie waren. Man wog das Holz oder schätzte es und konnte an der Farbe der Deckensteine im Ofen ableiten, ob die Temperatur passte. Erfahrung spielte dabei die Hauptrolle.

Die Backkapazität wurde später erweitert mit einem zweiten Herd, der auf den ersten aufgemauert und von der Seite beheizt wurde. Dieser dann mit Briketts. Mit dieser Backkapazität, einem

Motorrad und einem Tante-Emma-Laden im ehemaligen Wohnzimmer des Hauses, den meine Mutter betrieb, war die Existenzgründung vollzogen. Als Datum dafür gilt der 1. September 1948.

In dieser Zeit halfen mehrere Familienmitglieder mit. Auch meine große Schwester Waltraud musste schon vor und nach der Schule mitarbeiten. Aus dieser Zeit hegte sie Zeit Lebens einen dauerhaften Groll gegen meinen Vater, den sie auch beständig pflegte und uns jüngeren Geschwistern regelmäßig vorhielt, nach dem Motto, wir hätten die Gnade der späten Geburt gehabt, denn zu unserer Zeit war alles schon nicht mehr so schwer.

Einige Bäckergesellen und Hilfen wohnten auch mit im Haus und wurden bei uns verpflegt. Mein Vater war fleißig und zielstrebig. Er hatte schon nach relativ kurzer Zeit Erfolg und etwas zu bieten: Arbeit, satt zu essen, eine Perspektive für die Zukunft. All das war zu der Zeit viel wert.

Mit der Währungsreform ging es dann richtig los. Stück für Stück wurde an das kleine Einfamilienhaus angebaut und der Betrieb erweitert. Trotzdem hatten meine Eltern noch Zeit für zwei neue Kinder. Vermutlich sollte meine Schwester Karola schon der Junge werden, der mal Bäcker würde, aber auf den mussten sie bei ihrer Geburt dann noch auf den Tag genau eineinhalb Jahre warten.

Und dann kam ich. Meine Mutter, mit schwerer Arbeit belastet, wurde mit 40 Jahren noch mal schwanger. Das hat sie sehr mitgenommen. Als ich dann endlich rauskam, war ich ein entsprechend mickeriges Bürschchen. Völlig faltig und verknittert füllte ich die Haut um mich herum nicht annähernd aus. Es stand wohl nicht sehr gut um mich, am Anfang meines Lebens. Wie wir heute wissen, ist aber alles noch mal gut gegangen und ich konnte meine Reise ins Leben antreten.

Ich war von Anfang an *Bäckermeister sein Sohn*. Die Nabelschnur war noch nicht durchgeschnitten, da stand schon fest: *Der Junge wird Bäcker.* Ich fühlte mich, solange ich mich zurückerinnern kann, immer herzlich aufgenommen in der Welt und immer als *Bäckermeister sein Sohn*. Diese Vorbestimmtheit meines Lebensweges habe ich nie infrage gestellt. Bevor ich dann selber Bäcker wurde, mussten aber noch einige Abenteuer überstanden werden. – Und es sind einige heikle Dinge dabei. Als ich geboren wurde, waren wir ja quasi schon reiche Leute. Zumindest war ich, solange ich denken kann, davon überzeugt. Gemessen an den Standards der Zeit hätten wir uns schon was leisten können – taten es aber nicht. Zumindest nicht in der Familie. Mein Vater hatte allerdings schon sehr früh etwas Ungeheuerliches gemacht, das ihm den Respekt aller möglichen Leute einbrachte: Er hatte sich im örtlichen Kino eine eigene Loge zur Dauernutzung angemietet. Dort wurde auch mal kräftig gefeiert und der Film, der gerade gezeigt wurde, spielte nur eine Nebenrolle. Eine Einladung dorthin für einen Mitarbeiter kam einer ganz besonderen Auszeichnung gleich.

Wir drei Kinder schliefen in einem Zimmer. Unser eigentliches Wohnzimmer war zum Laden umgebaut worden. Wir lebten in einer Wohnküche und das Büro war gleichzeitig unser Wohnzimmer. Auf der angebauten Backstube war ein Elternschlafzimmer mit Estrichfußboden ohne weiteren Belag und ohne Heizung; der Backofen darunter sollte es mit heizen. Offensichtlich sollte Geld für die Entwicklung der Firma angespart werden und das tat es auch: es kam der erste Lieferwagen, mit drei Rädern, der Nächste hatte dann schon vier.

Und so entwickelte sich alles sehr schnell weiter. *Wirtschaftswunder* halt. Sehr zum Leidwesen meiner Mutter, die immer stärker unter dem Unternehmerdasein litt. Besonders aber auch unter den Veränderungen, die mit meinem Vater bei wachsendem Erfolg vor sich gingen. Es gibt einige Fotos von meinem Vater aus dieser Zeit, auf denen er einen Vergleich mit Clark Gable nicht zu scheuen brauchte: pechschwarze Haare, sportliche Figur, erfolgreich. Das ist auch einigen anderen Frauen aufgefallen.

Aus meiner frühen Kindheit gibt es einige Erzählungen, die durch häufige Wiederholungen sehr präsent sind. So wurde immer wieder über meine überbordende Tierliebe gewitzelt: Wir hatten natürlich auch Hühner, Gänse und einen kleinen Garten. Als die Gänse nun einmal Küken hatten, fand ich diese als schätzungsweise Dreijähriger so niedlich, das ich zwei davon eingefangen und sie meiner Mutter gebracht habe. Da man zwei auf einmal nicht so einfach transportieren kann, habe ich sie praktischerweise am Hals getragen. Bis zu unserem Laden, in dem meine Mutter arbeitete, brauchte ich drei bis vier Minuten. Das war leider etwas zu lange, für kleine Gänse mit zugedrücktem Hals. Noch heute überkommt mich eine gewisse Betroffenheit, wenn ich darüber berichte.

Der nächste Vorfall, an den ich mich selber nicht erinnern kann, betrifft einen Unfall. Wir hatten eine sogenannte *Aschenkuhle* auf dem Hof, in der Abfall verbrannt wurde. Das war damals so. In diese *Kuhle*, die in Wirklichkeit eine gemauert Feuerstelle war, die oben eine Öffnung von 50x50 cm hatte, bin ich einmal kopfüber hineingefallen. Außer Verbrennungen am Arm, durch die Glut, die unter der Oberfläche noch glimmte, ist nichts passiert. Wer mich herausgezogen hat, weiß ich heute nicht mehr. Es könnte einer unserer Bäckergesellen gewesen sein. Diese machten sich gelegentlich auch einen Spaß daraus, mit mir zu *spielen*. Eines der Spiele war, das zwei Jungs sich gegenüberstanden und mich zwischen sich hin und her warfen. Das sollte heute mal jemand mit meinem Enkelkind wagen!

Und dann kommen wir zu meiner frühesten Kindheitserinnerung. Woher ich wissen will, dass es tatsächlich meine eigenen Erinnerungen sind? Nun, es geht dabei um etwas, worüber nie gesprochen wurde. Erst vor einigen Jahren. Mit deutlich über 60 Jahren habe ich diese Begebenheit mit meiner ältesten Schwester das erste Mal besprochen und sie konnte sich ebenfalls daran erinnern:

Wir Kinder schliefen wie gesagt viele Jahre lang in ein und demselben Zimmer; ich mit im Bett meiner großen Schwester, die zu dem Zeitpunkt schon 18 Jahre alt war. Irgendetwas zog mich nachts wie magisch unter die Bettdecke (ich war höchstens vier Jahre alt) und zwischen die Beine meiner Schwester. Ich weiß genau, dass ich da einen ganz besonderen Geruch wahrgenommen habe, der mich geradezu berauschte. Ich kann mich erinnern, dass ich das über einen längeren Zeitraum immer wieder gemacht habe, bis es von meiner Schwester nicht mehr geduldet wurde, denn zu penetrant wurden meine Attacken. Schließlich verbot mir meine Schwester diese Freude und ich meine mich zu erinnern, dass ich sehr darum gekämpft habe, diesen *wunderbaren Ort* weiter besuchen zu dürfen. Ohne Erfolg. Kurze Zeit später hat meine Schwester das Haus verlassen und ist mit einer Freundin in die Schweiz gegangen. Ich weiß aber, dass meine Zudringlichkeit nicht der Grund dafür war.

Diese Erinnerung ist so mächtig, dass sie erhalten blieb und eine der ersten erhaltenen Erinnerungen in meinem Leben ist.

In dieselbe Zeit, vermutlich Weihnachten 1954, gehört folgende Anekdote: Ich ging an der Hand meiner großen Schwester zum ersten Mal mit in einen Weihnachtsgottesdienst. Es war sehr kalt. Die halbhohen Schuhe, die ich trug, besitze ich heute noch. Wir gingen in die *Klus*, das ist eine sehr kleine Kirche. Sie wurde abgerissen, als ich in die Schule kam. Der Weg war ziemlich genau zwei Kilometer lang und ich fror schrecklich. In der *Klus* mussten alle Besucher stehen und die Menschen standen dicht gedrängt. Meine Schwester sagte mir, dass gleich ein *Klümchenbeutel* herumgereicht würde und ich die zehn Pfennig, die sie mir gegeben hatte, da hineinwerfen sollte. Das war eine Überraschung. *Klümchen* in der Kirche. Super. Der Beutel kam und ich schmiss meine zehn Pfennig rein, aber er wurde so schnell wieder weggezogen, dass ich es nicht schaffte, die *Klümchen* herauszunehmen. Darüber habe ich mich sofort bei meiner Schwester beschwert. Die wollte sich schieflachen. Meine Enttäuschung war riesig, als sie mir sagte, dass Ding heiße *Klingelbeutel* und man dürfe nur etwas reintun, aber nichts rausnehmen.

Ebenfalls in meinem Kopf erhalten ist die Erinnerung an Badetage in dieser Zeit. Mit dem Anbau der Backstube an das kleine Einfamilienhaus wurde auch ein Badezimmer installiert. Es gab eine Wanne und eine Brause und fließend warmes Wasser. – Davor musste das Wasser noch auf dem Kohlenherd in der Küche warm gemacht werden. Jetzt lag ein großer Boiler auf dem gemauerten Backofen und heizte das Wasser automatisch mit auf. Es waren sicher 100 Liter oder mehr, die dort ständig warm gehalten wurden. Und am Samstag wurde gebadet. Meistens war es meine große Schwester, die uns kleineren Geschwister zu der Zeit badete, es gab aber auch andere Kindermädchen, die das machten. Das Badezimmer lag direkt neben der Backstube. Manchmal durften wir danach dort noch spielen. Eines der besonders schönen Spiele war, wenn meine kleinere Schwester und ich *Karussell fahren* durften (*kleinere*, weil sie jünger, also kleiner als meine große Schwester war, aber dennoch war sie älter als ich, also keine *kleine Schwester*).

Wir hatten in der Backstube eine sehr große Teigknetmaschine, mit großen Bottichen, die man rausfahren konnte. In einen dieser großen Bottiche wurden meine Schwester und ich hineingehoben und meine große Schwester oder eines der anderen Kindermädchen drehte den Bottich. Wir saßen darin und hatten großen Spaß. Am Montag wurde dann wieder Brotteig darin gemacht. Das war aber nicht schlimm, denn wir hatten ja vorher gebadet.

Die Backstube war alles in allem ein idealer Ort zum Spielen – übrigens nicht nur für Kinder. Ebenfalls am Samstag nach der Arbeit traf sich mein Vater mit seinen Skatfreunden vor dem *Königswinter Backofen*. Wahrscheinlich stammt die Erinnerung aus der Winterzeit, denn da vor dem Ofen war es immer schön warm. Dort saßen sie dann, Stunde um Stunde und spielten Skat, meistens mit Onkel Walter und Onkel Mattias, die beide in unserer Straße wohnten. Das ging manchmal die ganze Nacht durch, immer um Pfennig-Einsätze. Onkel Walter starb dann ganz plötzlich, als ich noch ein Kind war, angeblich an Spätfolgen aus dem Krieg.

Andere Anekdoten, die danach kamen, sind wieder eher aus Erzählungen präsent. Meine Tante Minna, in Wirklichkeit nicht meine Tante, sondern die Frau von Onkel Walter und die Schwägerin meiner Mutter aus Vorkriegsehe, rollte zu Hause Zigarren. Viele Frauen in unserer Nachbarschaft machten das: Sie rollten sogenannte *Wickel*, sie produzierten also die Rohlinge für Zigarren. Diese packten sie dann in einen *Persil*-Karton und brachten sie mit dem Fahrrad in die Zigarrenfabrik, wo sie dann durch Einwickeln mit dem Deckblatt fertiggestellt wurden. Das Deckblatt ist das Wertvollste an einer Zigarre und wurde darum nicht zur Heimarbeit ausgeschrieben. Meine Mutter hat als junges Mädchen *Zigarrenmacherin* gelernt. Sie kannte sich gut aus und erzählte oft, dass ihre Schwägerin eh nicht mit dem Deckblatt umgehen konnte. Als sie noch zusammen in der Fabrik gearbeitet hatten, bekamen sie die Deckblätter immer zugeteilt. Dann mussten sie sie so geschickt verarbeiten, dass sie für eine vorgesehene Menge Zigarren ausreichten. Meine Mutter hatte immer noch etwas übrig und ihre Schwägerin kam alle Nase lang an und brauchte noch etwas von ihr.

Ich kann mir eigentlich nur vorstellen, dass ich einmal vorlaut und großmäulig bei Tante Minna nach einer Zigarre gefragt habe und auch eine bekam, sodass ich im zarten Alter von schätzungsweise fünf Jahren meine erste Zigarre gepafft habe. Angezündet hat sie vermutlich einer der Bäcker, die ja immer da waren. Ich kann mich nicht erinnern, aber die Folgen müssen verheerend gewesen sein: oben raus, unten raus und alles zur gleichen Zeit oder so ähnlich. Auf jeden Fall blieb das Verhältnis meiner Mutter zu ihrer Ex-Schwägerin ein Leben lang gestört. Auch dieser Vorfall könnte etwas damit zu tun gehabt haben.

Wie schon erwähnt, gab es einen Tante-Emma-Laden bei uns im Haus. Dort gab es natürlich auch Bonbons in schönen Gläsern, die aufeinander standen und deren Öffnung geradewegs auf Griffhöhe in meine Richtung zeigten. Also nutzte ich jede Gelegenheit, um mal im Laden vorbeizuschauen. Wenn meine Mutter durch einen Bedienvorgang beschäftigt war, konnte ich schnell zugreifen und verschwinden. Auf der Straße habe ich mich dann durch das Verteilen von Bonbons hervorgetan. Meine arme Mutter habe ich mit diesen Klau-Attacken geradezu zur Raserei gebracht. Ich hatte es im Abpassen von günstigen Gelegenheiten zu einer solchen Perfektion gebracht, dass sich meine Mutter nicht anders zu helfen wusste, als einen Bambus-Rohrstock auf einem Regal an meinem Fluchtweg zu deponieren. In manchen Fällen, wenn ich in Lauerstellung war, reichte der Blick meiner Mutter in Richtung Rohrstock, um mich die Aktion vorerst abbrechen zu lassen. Wenn ich aber allzu dreist vorgehen wollte und sie mich erwischte, dann gab es auch heftige Prügel. Je öfter meine Mutter mich erwischte, desto häufiger genügte der Blick Richtung Rohrstock, aber aufgeben war keine Option.

Nicht zuletzt wegen mir war meine Mutter oft sehr abgespannt und krank. Wenn es gar nicht mehr ging, fuhr sie mit meiner Schwester und mir ins Sauerland zur Erholung, immer in den kleinen Ort Freinohl auf einen Bauernhof mit Pension, zu meinem Freund Joseph.

Joseph war genau so alt wie ich und wir beiden haben nichts als Blödsinn gemacht, es sei denn, Joseph musste auf dem Hof helfen. Dann haben wir eben das zusammen gemacht. Ein Albtraum war und blieb für mich, wenn wir die Kühe von der Weide zum Hof treiben mussten. Wir kleinen Leute und die Riesenviecher! Joseph machte den Zaun auf und rief die Kühe. Die kamen treu und brav, bogen auf der Straße in die richtige Richtung ab und trotteten die Hauptstraße entlang zu ihrem Stall und jede in ihre Box, ohne ein Wort der Anweisung oder des Antreibens. Und das jeden Tag. Und obwohl ich das ja nun jeden Urlaubstag beobachten konnte, habe ich dem Frieden niemals wirklich getraut.

Auf dem Hof gab es auch mehrere Pferde; Kaltblüter von unglaublichem Ausmaß. – Für mich. Wenn ich heute Kaltblüter sehe, zum Beispiel Rückepferde bei der Waldarbeit, dann bin ich immer ein bisschen enttäuscht. Die waren doch früher viel größer, oder? Ich durfte auf jeden Fall ab und an auf einem der Pferde reiten. Und wenn ich auf den Rücken gehoben wurde, dann musste ich immer einen vollen Spagat machen, um überhaupt darauf sitzen zu können. Das waren große Erlebnisse.

Viele schöne Erinnerungen kommen auf bei dem Gedanken an Freinohl. Ich habe diesen Ort als Erwachsener auch mal besucht. Aber ich habe nichts von dem wiedergefunden, was diesen Ort in meiner Erinnerung ausmacht. Nicht einmal die Brücke über den kleinen Fluss, über den die Kühe in Richtung Hof gehen mussten.

Eine Anekdote gibt es noch, die ich gerne erzählen möchte: Ein kinderloses Ehepaar war mehrfach zur selben Zeit in derselben Pension wie wir. Mit denen machten wir gemeinsame Spaziergänge. Das Ehepaar hatte einen Narren an mir gefressen und ich an ihnen. Der Mann nahm ab und zu heimlich sein Frühstücksei mit auf den Spaziergang. Irgendwann unterwegs ging er dann hinter einen Baum, hockte sich hin und gackerte wie ein Huhn. Und wenn ich dann dort hinlief, rief er: »Oh, prima, ich habe schon wieder ein Ei gelegt.« Das Tollste an seinen Eiern war, dass sie immer auch schon gekocht waren und ich sie sofort essen durfte. Das ging solange gut, bis ich irgendwann auch mal hinter einen Baum verschwand und solange drückte, bis auch was rauskam. Nach Ei sah das aber nicht wirklich aus. Und danach sahen die Erwachsenen sich gezwungen, den Schwindel aufzuklären, damit ich keine weiteren Versuche in diese Richtung unternahm.

Die Abschiede aus dem Sauerland waren für mich oftmals sehr dramatisch, weil besagtes Ehepaar immer wieder sagte, sie würden mich mit zu sich nach Hause nehmen. Diese Möglichkeit schien mir scheinbar so vielversprechend zu sein, dass es immer wieder zu heftigsten Abschiedsszenen kam. Das Sauerland war für meine

Mutter wohl auch immer eine Flucht, vor den schlimmer werdenden Ehebrüchen meines Vaters, obwohl wir als Kinder davon noch nichts wussten.

Zum Glück hatte wir bei uns zu Hause eine Straße, die in meiner Kindheit noch so unbedeutend war, dass sie nicht einmal einen Namen hatte; es gab nur die Hausnummern. Die musste der Briefträger auswendig lernen, weil sie auch nicht logisch nacheinander kamen, sondern nach dem Zeitpunkt des Hausbaus vergeben worden waren. In unserer Straße standen neun Häuser, wir hatten aber die Hausnummer 387.

In fünf der neun Häuser gab es Kinder. Manche deutlich älter als ich, gleichalt, oder jünger. Für jedes der Kinder in der Nachbarschaft gab es für mich eine klare Ansage von meinen Eltern, mit wem ich spielen durfte und mit wem nicht. Mit Werner und Manfred durfte ich immer spielen, die aber nicht mit mir. Die beiden hatten nämlich schon sehr früh Aufgaben in Hof und Garten zu erfüllen. Da ich immer Zeit zum Spielen hatte, war ich darüber ziemlich erstaunt. Wenn ich dort ankam, um zum Beispiel mit ihnen in ihrem Bollerwagen zu fahren, dann hieß es allzu oft, Werner müsse noch sein Bohnenbeet abstecken, Unkraut jäten, oder den Hof fegen. Alles Aufgaben, die bei uns von Mitarbeitern erledigt wurden. Es gab bei uns einen Koch oder eine Köchin. Das wechselte immer mal, aber es gab immer Menschen, die bei uns dafür zuständig waren. Wir hatten jemanden, der den Hof sauber hielt und unsere Mini-Landwirtschaft betrieb, mit ein paar gepachteten Feldern und einem Stall mit Schweinen.

An dieser Stelle möchte ich kurz ein wenig abschweifen. Warum betrieb ein Bäckermeister eine kleine Landwirtschaft? Das hatte offensichtlich mit einem Trauma meines Vaters zu tun. Sein wichtigstes Ziel nach dem Krieg hieß: *Ich will nie wieder hungern!* Also ergriff er alle Maßnahmen, die er dafür für erforderlich hielt: eigenes Getreide, eigene Kartoffeln, eigenes Brot ja sowieso und eigenes Fleisch – Hühner, Enten, Gänse und Schweine.

Für die Schweine hat er im Laufe der Zeit einen eigenen Stall gebaut. Da hinein passten 20 ausgewachsene Schweine in vier Boxen. Die wurden natürlich mit Resten gefüttert, Brot und Brötchen, die nicht verkauft worden waren und als Retouren zu uns zurückkamen, auch mit Kuchenresten und dem täglich anfallenden *Fegemehl*. Aber natürlich bekamen sie auch Früchte, die auf den gepachteten Feldern geerntet wurden, und Fischmehl, denn ausschließlich Brot war nicht gesund. Wenn sie fett genug waren, wurden die meisten von ihnen an einen Viehhändler verkauft.

Aber bei uns wurden auch jedes Jahr mehrere Schweine in Hausschlachtung geschlachtet und verwurstet. Dabei halfen dann immer die Geschwister meiner Mutter. Von Kindertagen an, ich war wohl vier Jahre alt, durfte ich beim Schlachten zuschauen. Die Schlachter waren Profis oder zumindest Halbprofis. Die wurden angeheuert. Geschlachtet wurde immer am Samstagnachmittag, dann war genügend Platz in der Backstube.

Zuerst mussten die Schweine vom Stall in unsere Backstube gezerrt werden. Das war in aller Regel mit einem riesen Gequieke verbunden. Am richtigen Ort angekommen, setzte einer der Schlachter das Bolzenschussgerät auf die Stirn des Tieres und drückte ab. Das Tier sackte sofort in sich zusammen und quiekte auch nicht mehr. In den ersten Jahren, in denen ich zuschauen durfte (und vermutlich auch sollte), hielt mir mein Onkel Heinz direkt nach dem Schuss die Augen zu. Was nun kam, sollte ich anfangs nicht sehen, denn dann wurde dem Schwein die Kehle aufgeschnitten. Das stoßweise austretende Blut wurde direkt in einem Behälter aufgefangen, das wurde ja noch gebraucht – für Blutwurst. Damit es nicht zu schnell gerann, musste einer der Schlachter das Blut kräftig umrühren, bis es abgekühlt war.

Das Schwein war nun tot. Es starb nicht etwa durch den Bolzen in seinem Kopf, sondern weil es verblutet war. Sofort danach begannen die Schlachter damit, das Schwein mit kochendem oder zumindest sehr heißem Wasser abzubrühen. Das taten sie auch, damit es sauberer wurde, aber in erster Linie, damit sie die Borsten besser abschrappen konnten. Für diese Arbeit gab es ein spezielles Gerät, das aussah wie eine Handglocke, unten aber eine scharfe Kante hatte und oben einen Haken, um die Klauen abzuziehen.

Danach fing man an, das Schwein auszuweiden – Bauch aufschneiden und alles rausholen, was in einem Körper so drin ist. Fast alles wurde weiterverwendet, sogar der Darm. Der wurde ausgequetscht, gründlich gewaschen und später mit Mettwurst-Brät gefüllt. Die anderen Innereien fanden all Verwendung in der Wurst oder als Stippgrütze und so weiter. Die paar Dinge, die man nicht verwenden wollte, passten in eine kleine Schüssel, zum Beispiel die Klauennägel und die Augen. Die wurden oftmals ausgestochen und, um mich zu erschrecken, vor meine Füße gekullert. Erschrecken konnte man mich damit aber nur die ersten Male. Später war ich abgehärtet. Wenn das Schwein ausgeweidet war, wurde es aufgeklappt an eine Leiter gehängt. Gelegentlich hingen dort auch schon mal vier Schweine in einer Reihe, meistens waren es aber nur zwei oder drei.

Wenn das Schwein auf der Leiter hing, bekam ich den Auftrag, zum Trichinenbeschauer zu fahren und Bescheid zu sagen, dass er kommen musste. Das konnte ich mit meinem Roller machen. Der Trichinenbeschauer, im Hauptberuf ein Bauer, kam dann auf seinem Fahrrad angefahren. In einer Holzkiste hatte er ein Mikroskop, das baute er auf, schnitt von den Schweinen jeweils ein kleines Stück vom Bauchfleisch ab und legte es unter sein Mikroskop. Da konnte er dann sehen, ob das Schwein von Trichinen befallen war. Wenn ja, musste das Fleisch komplett vernichtet werden, weil es für den menschlichen Verzehr nicht geeignet war. Wenn er keine Trichinen fand, dann machte er einen kleinen Stempel auf den Schinken des Schweins und die Verarbeitung konnte weitergehen.

Das geschah immer am Sonntag. Die Geschwister meiner Mutter rückten an. Ein spezieller Hausschlachter zum Wurstmachen kam ins Haus und dann ging es los: zerlegen, ausbeinen, Wurstbrät machen und so weiter. Das Ganze war immer laut und fröhlich, schließlich wusste jeder, dass er ordentlich was abbekommen würde. Da wurden aus dem frischen Brät Frikadellen gemacht. Am meisten hergestellt wurde Mettwurst. Die wurde in den gereinigten Darm gefüllt und wenn der nicht reichte, künstlicher Darm dazu genommen. Die Würste kamen in unsere Räucherkammer. Aus Gründen der optimalen Bewachung lag diese direkt an unserer Wohnung, am Anfang des Flures rechts, fünf steile Stufen rauf zum Boden und dort auf halber Höhe. Dort wurden die Würste, aber auch Schinken, an Fäden hängend, auf mehreren Stangen aufgereiht, mit ausreichend Abstand zu einander, damit sie nicht verschimmelten. Die Tür zur Räucherkammer war von innen mit Blech beschlagen und wurde nach Einbringen der Würste nochmals gesondert abgedichtet.

Ein bisschen was zu riechen war vom Räuchern dann immer in unserer Wohnung, aber meistens war es gut auszuhalten. Bis auf ein Jahr: Da musste aus irgendwelchen Gründen einmal die Tür geöffnet werden und der Qualm drang dermaßen in unsere Wohnung, dass sie kaum mehr bewohnbar war. Der Qualm des Holzstreumehls, dass wir zum Räuchern verwendeten, war mindestens ein Jahr lang zu riechen. Aber diese Mettwurst, die dort entstand und auf die wir mehrere Wochen bis zum Anschnitt warten musste, war so unglaublich lecker, dass ich heute, beim Schreiben darüber, noch den Geschmack auf der Zunge habe. Frisches Graubrot mit dick Mettwurst darauf war unvergleichlich gut ...

Für alle möglichen Arbeiten wurden auch immer die Lehrlinge eingesetzt. Das war damals so. Aber ich doch nicht. Ich durfte spielen. Zum Beispiel mit unserem Schäferhund, der im gleichen Jahr geboren war wie ich und eigentlich meiner großen Schwester gehörte. Dieser Schäferhund war eine Hündin und hieß *Ester*. Sie hatte ihren Zwinger direkt neben dem Schweinestall. Da Schweine nun mal die Unart besitzen, laut und lange zu quieken, auch dann, wenn das mit dem Fressenverteilen nicht schnell genug geht, hatte der Hund vermutlich einen riesen Groll auf die Tiere. Es gab die Anweisung, immer darauf zu achten, dass die Stalltür zu war, bevor der Hund raus durfte.

Aus irgend einem Grund wurde einmal nicht darauf geachtet. Als die Zwingertür geöffnet wurde, von wem und warum weiß ich nicht mehr (vielleicht war ich es selber), stürmte der Hund heraus und geradewegs in den Stall. Er sprang über die Gitterstäbe der Box, auf den Rücken eines der Schweine und biss ihm so heftig in den Rücken, dass ein großes Stück herausgerissen wurde. Er biss immer wieder in dieses Schwein, bis er mithilfe eines Eimer Wassers zum Aufhören bewegt werden konnte. Das arme Schwein hatte so schwere Verletzungen erlitten, das es tags darauf geschlachtet werden musste. Ich meine mich zu erinnern, dass die Wunde in seinem Rücken so groß war, dass man regelrecht in das Tier hineinschauen konnte.

Andere Tiere, die unser Schäferhund nicht mochte, waren Ratten. Die besagte Feuerstelle, in die ich einmal hineingefallen bin, wurde etwa jedes Jahr gelehrt. Dazu waren vorn mehrere Metallklappen zum Aufmachen dran. Wenn unsere Bäcker dann begannen, die alte Asche rauszuholen, dauerte es nicht lange, bis auch die ersten Ratten darin aufgeschreckt wurden und die Flucht ergriffen. Das war der Moment, auf den Ester schon gewartet hatte. Mit unglaublicher Geschicklichkeit packte sie die Ratten und tötete sie mit einem Biss. Nicht alle, aber viele.

Ansonsten spielte ich mit den Nachbarskindern. Da gab es dann noch Jörg in der Nachbarschaft. Er wohnte links, schräg gegenüber von uns. Er war vier Jahre älter und stand auf dem *Index*. Es hieß immer, der würde mir nur groben Unfug und Schlimmeres beibringen, aber das stimmte nur bedingt.

Mein liebstes Spiel mit Jörg war *Biekestauen*. Zwischen seinem und unserem Haus floss ein kleiner Bach, genannt *die Bieke*, unter unserer Straße hindurch. Jörgs Grundstück grenzte direkt an die Bieke, auf der andere Seite lag das Grundstück von Karl *Erdferkel*. Karl hieß *Erdferkel*, weil er von Sonnenaufgang bis Sonnenuntergang auf seinen Feldern und in seinem Garten werkelte. Wir Kinder sahen ihn am liebsten aus der Ferne, weil Karl irgendwie anders war. Ein älterer Nachbar, ungefähr in seinem Alter, hat mal über ihn gesagt: »Wenn Karl jemals ein bisschen Verstand in seinem Kopf gehabt hat, dann hat seine Mutter ihn aus ihm heraus geprügelt.« Wir hielten also lieber Abstand. Kinder lernen ja recht früh, die Mimik der Menschen zu deuten, aber Karls Mimik war für uns nicht zu entschlüsseln.

Nun zum *Biekestauen*. Hierfür brauchte man den Deckel eines alten Waschzubers. Das waren die frühen Waschmaschinen, in denen man unten ein Feuer machen konnte, für die Kochwäsche, bei denen sich in dem Zuber ein dreiarmiges Gestell nach links und rechts drehte, um die Wäsche im Wasser hin und her zu bewegen. Der Durchmesser des Deckels betrug etwa 80 cm. Diesen Deckel brauchten wir, weil der Durchmesser des Rohrs, das den Bach unter der Straße durchleitete um die 60 cm betrug. An den Griff auf dem Deckel wurde nun ein langer stabiler Bindfaden geknotet und der Deckel dann in Fließrichtung vor die Röhre platziert. Danach musste das Ganze dann mit sehr viel *Köttke* abgedichtet werden. Das Ganze ging natürlich immer nur mit Gummistiefeln und vorzugsweise im Sommer. Wenn wir es geschafft hatten, dass auf der anderen Seite kein Wasser mehr ankam, dann war das gute Arbeit. Wenn nicht, musste mehr *Köttke* zum Abdichten her.

Eigentlich haben wir das relativ oft gemacht, ohne große Probleme. Wir haben uns dann riesig gefreut, wenn wir den Deckel weggezogen haben und das Wasser in einem großen Schwall auf der anderen Seite rauskam. Aber einmal sollte es was ganz Großes werden. Wir hatten gute Arbeit geleistet und das Wasser stieg sehr schnell an. Wir hatten wohl nicht ausreichend berechnet, wie viel Wasser die *Bieke* führte. Auf jeden Fall ging alles sehr schnell, sodass wir unsere Arbeit beenden und den Deckel entfernen wollten. Wir zogen erst einzeln, dann mit vereinten Kräften an unserm Bindfaden, aber der Deckel bewegte sich keinen Zentimeter. Versuche, den Deckel seitlich wegzuschieben und andere Techniken, die wir vorher schon erprobt hatten, versagten ebenfalls. Das Wasser stieg mit erschreckender Geschwindigkeit. Es breitete sich bereits auf der einen Seite auf Jörgs und auf der anderen auf Karl Erdferkels Grundstück aus. Karl hatte auch etwas gepflanzt auf seinem Acker, der nun immer stärker überflutet wurde. Bei Jörg drohte das Wasser in den Keller zu laufen. Letztlich stieg es so hoch, dass es über die Straße lief. Wir waren völlig in Panik. Das Gefühl der völligen Machtlosigkeit und die Erwartung einer kräftigen Tracht Prügel sind mir noch gegenwärtig. Aber wer uns letzten Endes aus der Notlage befreit hat, weiß ich nicht mehr. Auch an Prügel für diese Aktion kann ich mich nicht erinnern. Aber dafür gab es ja auch genügend andere Gelegenheiten.

Eine ist ganz präsent: Wie ich schon sagte, wohnten ja auch einige Bäckergesellen bei uns im Haus. Junggesellen, die noch keine eigenen Familien hatten. Offensichtlich bin ich gelegentlich, wenn sie am Arbeiten waren, in ihre Zimmer gegangen und habe rumgeschnüffelt. Einmal habe ich bei der Gelegenheit in einem Nachttisch einen Fünf-Mark-Schein gefunden. Zu der Zeit war das sehr viel Geld. Ich habe eine Streichholzschachtel, die auch dort lag genommen, den Schein hineingetan und beides mitgenommen. Auf dem Rückweg stand am Ende der Treppe ein Empfangskomitee, bestehend aus meinem Vater und meiner Mutter. Ihre Befragung setzte so gezielt an, dass ich vermuten muss, dass ich solche Aktionen öfter gemacht habe und der bestohlene Geselle es meinen Eltern erzählt hat. Dies war aber definitiv meine letzte Aktion dieser Art, denn vom Treppenabsatz bis zum deponierten Rohrstock im Laden waren es nur drei oder vier Schritte für meinen Vater. Prügel von ihm waren selten, sonst erledigte das meine Mutter.

Ich spielte auch immer gerne mit Siggi. Der wohnte rechts von uns und war etwa anderthalb Jahre jünger als ich. Aber er durfte nicht mit mir spielen. Ich war quasi der *Jörg* für den Siggi. Trotzdem schafften wir es immer wieder und ich konnte ihm eine Menge dummes Zeug beibringen. Obwohl ich glaube, dass wir ihn zu den Doktorspielen mit Werner und meiner Cousine Jutta nicht zugelassen haben, für so was war er einfach noch zu jung.

Einige Jahre später, aber immer noch im Kindesalter, hatte ich irgendwoher erfahren, wie es zu den Kindern kommt. Mann und Frau müssten irgendetwas irgendwo reintun und so weiter. Alles noch sehr vage. Aber ich habe mein bruchstückhaftes Wissen sofort an Werner weitererzählt. Seine klare Antwort war:»Nee, das glaube ich nicht.« Irgendwann wird er es dann doch erfahren haben, denn er bekam vier Kinder.

Siggi hatte eine Schaukel auf dem Hof. So was besaß ich leider nicht. Die Schaukel war an einem stabilen Ast an einem der Apfelbäume angebracht, mit relativ langen Seilen, was einen ordentlichen Schwung erlaubte. Als schaukeln zu langweilig wurde, übten wir das Rausspringen aus der Schaukel. Ich brachte es darin zu einer erheblichen Meisterschaft. Die Aufgabe bestand darin, an der allerhöchsten Stelle, die möglich war, abzuspringen. Auch Siggi sollte sich natürlich an dem Wettbewerb beteiligen. Das brachte mir letztendlich das absolute Hofverbot durch seine Mutter, Tante Gertrud ein.

Aber es gab ja noch die Straße. Außer gelegentlich mal unser *Tempo*-Lieferwagen fuhren dort keine Autos und man konnte immer dort spielen: Hüpfen nach Zahlen, Rollerfahren, *Timken* oder Fangen spielen – alles fand auf der Straße statt. *Timken* hatte Jörg mir beigebracht, es war nicht ganz ungefährlich. Dazu nahm man einen Ast, vorzugsweise von einem Haselnussstrauch, und schnitt ein 15 cm langes Stück ab. Dieses Stück wurde zum *Timken*, wenn man es jeweils an den Enden drei Zentimeter anspitzte. Jetzt brauchte man nur noch einen stabilen Stock, je nach Körpergröße 50, 60 oder 70 cm lang und ausreichend widerstandsfähig. Den *Timken* legte man nun auf den Boden, auf einer möglichst geraden Fläche, und schlug mit dem Stock so auf eines der angespitzten Enden, das es hoch in die Luft flog. Bestenfalls sollte es so hochfliegen, dass man in der Luft mit dem Stock danach schlagen und es treffen konnte. Wenn man gut traf, konnte der *Timken* durchaus mal 30 Meter fliegen oder mehr. Wer am häufigsten traf oder am weitesten kam, hatte gewonnen. Das war praktisch wie Baseball, nur ohne gekaufte Geräte.

Ich vermute, zu meinem fünften Geburtstag bekam ich meinen Tretroller – mit Ballonreifen, einem Sitzkissen auf dem kleinen Gepäckträger und Klingel und Bremse. Das war ein tolles Ding. Mit immer mehr Erfahrung konnte ich immer schneller damit fahren und sogar kleine Kunststückchen darauf machen. Man musste nur genügend Schwung holen, sodass man den Roller ohne zu treten rollen lassen konnte, und sich dann um sein Kunststückchen kümmern. Zum Beispiel auf einem Bein stehen und das andere nach hinten, nach oben oder zu Seite strecken. Man konnte auch ordentlich Schwung holen und sich dann hinhocken; entweder nur hocken, oder sogar auf den angedeuteten Sitz auf dem hinteren Schutzblech mit dem kleinen Kissen hinsetzen. Dies bedurfte allerdings sehr weit gestreckter Arme, um noch an den Lenker zu kommen. Aber was tut man nicht alles, um die zuschauende Cousine zu beeindrucken.

Eine dieser Fahrten geriet ein wenig außer Kontrolle und ich rauschte mit meinem Roller in einen am Straßenrand vor der Haustür unseres Nachbarn abgestellten Stapel mit Leergut aus Glasflaschen. Die Hälfte der Flaschen ging zu Bruch und ich lag mitten drin. Ich bin dann blutend und heulend die paar Meter nach Hause gelaufen. Meine Mutter hat mich, aufgeschreckt von meinem lauten Heulen, in Empfang genommen und im Wohnzimmer auf den Tisch gestellt. Meine größten Bedenken äußert ich dabei lautstark: »Nicht hauen, nicht hauen!« Aber dergleichen hatte meine Mutter gar nicht im Sinn. Sie wollte sich nur meine blutenden Wunden am Knie anschauen. Für einen Arzt war es nicht schlimm genug. Da ging man erst hin, wenn der Kopf daneben hing. Also wische meine Mutter das Blut ab und holte mit einer Pinzette die Scherben aus meinem Bein. Ich hielt so gut wie möglich still, weil ich ja froh war, dass es keine Prügel setzte.

Mein Tretroller wird noch zu anderer Gelegenheit eine bedeutende Rolle spielen, aber jetzt sind wir noch beim Spielen.

Auch mit meiner kleineren Schwester habe ich natürlich gespielt. Meistens war das aber schwierig, denn sie wollte immer über mich bestimmen. Dabei hatte sie auch ein paar Tricks drauf, die mich zur Raserei brachten – im wahrsten Sinne des Wortes. Oft endeten diese Aktionen mit Haareausreißen und Gegenständen aufeinander Einschlagen. Am wütendsten wurde ich, wenn ich von irgendetwas ausgeschlossen wurde. *Dazu bist du noch zu klein* oder *Das darfst du nicht wissen.* Das ging ja gar nicht. Und wenn sie sich mit unserer Cousine eingeschlossen hat, damit ich nicht mitbekomme, was sie besprechen, dann habe ich auch schon mal schweres Gerät besorgt, um eine abgeschlossene Tür zu malträtieren. Das hat sie natürlich alles extra gemacht, weil sie genau wusste, welche Knöpfchen sie bei mir drücken musste.

Aber es gab auch andere Spielzeiten. Zum Beispiel *Rosenbilder* tauschen. Oft kommt da ein Bild bei mir an, wo ich mit meiner Schwester, aber auch sie und ich zusammen mit unserer Cousine vor unserem Backofen sitzen und *Rosenbilder* tauschen. Die Dinger haben wir geliebt. Die waren auf einem Bogen zusammen; man musste den Bogen auseinanderreißen und hatte dann die einzelnen Bilder – mal Blümchen, mal Märchen, mal Gesichter oder Autos. Die Steigerung war, wenn auch noch Glitzer drauf war. Und die wurden dann getauscht. Die Bogen konnte man in einem Geschäft im Dorf kaufen, pro Bogen zehn Pfennig oder so. Da fuhr ich dann mit meinem Roller hin (vermutlich hatte ich dafür das Geld gestohlen, was sollte ich sonst damit machen). Bei einem Einkauf geschah es, dass der ganze Vorgang des Aussuchens und die Aufregung obendrein so lange dauerten, dass ich nicht mehr an mich halten konnte und vor dem Ladentresen in die Hose machte. Zu fragen, ob ich mal eine Toilette benutzen dürfe, kam mir überhaupt nicht in den Sinn. Ich habe aber weiter in Ruhe *Rosenbilder* ausgesucht und bin dann aus dem Laden gegangen, als wenn nichts gewesen wäre. Die zurückgelassene Pfütze, mit den zum Ausgang führenden Fußstapfen, war allerdings nicht zu übersehen. Wie ich das meiner Mutter beigebracht habe, weiß ich nicht mehr.

Mit meiner kleineren Schwester verbinden mich aber auch ganz andere Gemeinsamkeiten. In Zeiten der Gefahr hielten wir immer zusammen. Diese *Gefahr* stellte sich leider immer häufiger ein, in Form von Streitereien unserer Eltern, aber dazu später mehr.

Mit fünf Jahren wurde ich eingeschult. Erinnerungen an die erste Zeit in der Schule existieren eigentlich nur durch die obligatorischen Fotos. Der Flur, über den wir in unseren ersten Klassenraum mussten, ist aber sehr präsent.

Im ersten Jahr hatten wir eine Lehrerin, die ich sehr mochte. Kein hübsches Fräulein, wie man nun meinen könnte. Nein. Eine erwachsene Frau mit einer tollen Ausstrahlung. Sie trug immer Ringe. So was kannte ich von meiner Mutter gar nicht, die trug nur einen Ehering. Aber meine Lehrerin trug mindestens vier oder so, dazu Ketten und Armreifen. Immerzu klapperte es irgendwie, wenn sie sich bewegte. Und gut riechen tat sie auch. Irgendwann ganz am Anfang der Schulzeit betrat eines Morgens ein fremder Lehrer unsere Klasse. Ich kannte ihn noch nicht. (Sehr viel später erfuhr ich, dass sein Spitzname *Froschauge* war. Das geschah ihm recht.) Er stellte sich vor und fragte in die Klasse, wem der Tretroller da draußen im Fahrradständer gehöre. Das war natürlich meiner. Den hatte ich zwischenzeitlich ein bisschen überarbeitet. Den lächerlichen kleinen Sitz und das hintere Schutzblech hatte ich abmontiert, damit gab es jetzt auch keine Bremse mehr. Das machte ich mit dem Schuh auf dem blanken Reifen, schließlich hatte ich mein Gerät im Griff. Voller Stolz sprang ich auf und rief: »Das ist meiner.« Ich dachte, der musste ihm ja aufgefallen sein, weil es so ein schnittiges Ding war, aber erstens kommt es anders usw. Er sagte, es wäre mir ab sofort verboten, mit diesem absolut verkehrsuntauglichen Gerät auch nur noch ein einziges Mal in die Schule zu kommen. Dieser Mann hatte offensichtlich absolut keine Ahnung von Tretrollern. Schließlich konnte ich mit dem Roller schneller fahren als viele Leute mit ihrem Fahrrad. Aber alle Einwände halfen nichts, das Verbot stand. Ich glaube, ich war an diesem Tag nahe daran, meine Schulkarriere unter Protest zu beenden. Die Frage war ja auch: Was nun? Der Weg zur Schule war zwei Kilometer lang. Zu Fuß gehen? Mit Ranzen?

Die Lösung schien ein Fahrrad zu sein. Ein Babyrad kam nicht infrage, ich ging ja schon zur Schule. Alle anderen Räder, die unser Dorffahrradhändler vorrätig hatte, auch Kinderräder, waren für mich aber zu groß. Ich wurde bald sechs Jahre alt, war aber der Kleinste und Zarteste in meiner Klasse. Die Option, das Fahrrad woanders zu kaufen, gab es offensichtlich für meine Eltern nicht. Man musste schließlich zusammenhalten im Dorf. Was sollten die Leute sagen, die bei uns einkauften, wenn wir einfach in die Stadt zum Einkaufen gingen? Also musste meine Mutter wieder mal kreativ werden. Es wurden mehrere Möglichkeiten überprüft, aber das Problem blieb, dass ich nicht mit den Füssen an die Pedalen kam. Der Geistesblitz meiner Mutter bestand nun darin, den Sattel abmachen zu lassen und zu überprüfen, ob meine Beine dann lang genug waren. Na ja. Das klappte dann ganz gut, wenn ich beim Treten in die Pedalen geschmeidig nach links und rechts auf der Stange hin und her rutschte und mich stark zur jeweiligen Seite neigte. Da war aber etwas zwischen meinen Beinen, das dabei störte. Doch auch dafür fand meine Mutter eine Lösung: An entsprechender Stelle am Rad wurde ein Frotteehandtuch an der Stange angebracht, sozusagen als Hilfssattel. Jetzt tat es nicht mehr ganz so weh, wie auf der nackten Stange, und der Tipp meiner Mutter war, die paar Kilometer stehend zu fahren. Und so geschah es. Ob besagter Lehrer, der mir den Tretroller verboten hatte, an der Verkehrssicherheit der neuen Lösung etwas auszusetzen hatte, weiß ich nicht. Mit mir hat er jedenfalls nicht darüber gesprochen.

In der zweiten Klasse bekamen wir zu meinem Leidwesen einen Lehrer. Am Anfang des Schuljahres hatten wir uns selbstständig unsere Plätze gesucht. Ich hatte mich, einer spontanen Eingebung folgend, ganz nach hinten in die letzte Reihe gesetzt. Meine Freunde ganz in meine Nähe. Ich weiß nicht mehr, wie viele Tage das so blieb, aber der Lehrer hatte offensichtlich sehr schnell etwas dagegen und wir wurden auseinandergesetzt. Ich ganz nach vorne, ohne jeden Abstand direkt vor das Pult. Anfangs durchschaute ich die Planung des Lehrers noch nicht ganz, aber das sollte sich gründlich ändern. Das Ganze war eine gut durchdachte Rationalisierungsmaßnahme. Wenn der Lehrer mich, aus welchem Grund auch immer, verprügeln wollte, brauchte er nicht weit zu gehen, sondern nur aufzustehen, mich am Kragen hochzuziehen und mir mit dem allzeit bereitliegenden Rohrstock auf den Hintern zu schlagen. Was ihn jeweils dazu veranlasste, kann ich heute beim besten Willen nicht mehr sagen, aber es geschah mehrfach. Wahrscheinlich sollte es den Lernerfolg unterstützen.

Dieser Lehrer war in mehrerlei Hinsicht ein unangenehmer Mensch. Abgesehen davon, dass er mich schlug, roch er auch noch schlecht, im Gegensatz zu meiner geliebten Lehrerin. So etwas hat mich auch als kleines Kind schon sehr gestört. Besonders verstörend empfand ich auch die Tatsache, dass es um seinen Hosenschlitz herum immer unangenehm gelb aussah. Ich konnte das quasi wie bei ARD und ZDF aus der ersten Reihe und in Farbe besonders gut sehen, wenn er hinter seinem Pult stand.

Zum Glück bekamen wir ab der dritten Klasse wieder meine bevorzugte Lehrkraft und behielten sie bis zur siebten. Die achte Klasse machte dann der Rektor und danach wusste ich alles und brauchte nicht länger zur Schule gehen. Aber dazu später.

Meine kleinere Schwester ging ja ein Jahr vor mir in dieselbe Schule, aber Vorteile brachte mir das nicht, weil sie einfach alles besser konnte als ich: schönere Schrift, bessere Aufsätze, weniger Rechtschreibfehler und sie machte natürlich gar keinen Blödsinn. Das war ganz schön frustrierend. Aber manchmal half es auch, eine ältere Schwester zu haben, besonders in Zeiten großer Not.

Und die gab es jetzt leider immer öfter: Die Streitereien unserer Eltern wurden immer heftiger und fanden in kürzeren Abständen statt. Hauptgrund, so wissen wir heute, war Eifersucht. Mein Vater war ein schneidiger Kerl und über zehn Jahre jünger als meine Mutter. Darin lag vermutlich der Sprengsatz. In jenen Jahren war das Innungsleben der Bäcker noch sehr aktiv und unsere Stadt war in der Lage, eine eigene Innungsfeier zu veranstalten. Dazu zog man sich schick an und traf sich in einem geschmückten Saal einer Gaststätte zu Essen, Trinken und Tanzvergnügen. Alkohol wurde auch ausgeschenkt. Später erfuhr ich, dass Schnaps jeglicher Art aus meinem Vater einen anderen Menschen machte. Aus *fleißig, besonnen und fürsorglich* wurde *rücksichtslos und unvernünftig.* – Rücksichtslos speziell meiner Mutter gegenüber. Er schäkerte rum, machte anderen Frauen Avancen und oft genug verschwand er von der Veranstaltung, ohne meine Mutter mitzunehmen. Wenn sie gemeinsam nach Hause kamen, folgten fast regelmäßig lautstarke Auseinandersetzungen bei uns zu Hause. Ich spreche hier von Zeiten, als unsere Backstube schon sehr groß ausgebaut war und meine Schwester und ich über der ausgebauten Backstube nebeneinander unsere Zimmer hatten. Meine Eltern bezichtigten sich dann häufig gegenseitig der Lüge. Das war für uns sehr schwer zu ertragen. Wer zuerst von dem Geschrei aufgewacht war, rannte zum andern ins Zimmer. Dann krochen wir zusammen unter die Bettdecke, um die Lautstärke des Geschreis etwas abzumildern. Es flogen auch schon mal Gegenstände durch die Gegend. Am anderen Morgen herrschte bestenfalls gespannte Ruhe, schlimmstenfalls fing mein Vater gleich morgens wieder an, Alkohol zu trinken. Aus diesen Situationen konnten sich lange Phasen entwickeln, in denen mein Vater jeden Tag betrunken war. Wochenlang. Bis ins hohe Alter zeigte sich immer wieder, dass Schnaps nicht sein Freund war. Ein Rausch mit Bier oder Wein verlief ganz anders als ein Rausch mit Schnaps.

Die Auseinandersetzungen unserer Eltern begleiteten uns genau so wie der Alkoholismus unseres Vaters durch unsere gesamte Kindheit. Weihnachten war immer am schlimmsten. Am Morgen des Heiligabends schlichen wir oft ganz scheinheilig in Haus und Backstube herum und beobachten, was unser Vater tat, wenn Kunden und Freunden ein fröhliches Fest gewünscht wurde. Trank er Alkohol mit ihnen oder nicht? Wenn er mittrank, gab es keine Aussicht auf schöne Feiertage für uns. Unsere Mutter zog sich dann auf eine ganz bestimmte Art und Weise zurück, die wir bei diesen Gelegenheiten zur Genüge kannten. Ihr Blick löste dann bei uns physische Schmerzen aus. In all den Jahren klagte sie häufig über Herzprobleme und Kreislaufbeschwerden, die dann im Sauerland gelindert werden sollten. Aber noch war Trennung keine Option. Meine Mutter war auch in einer denkbar schlechten Lage: Ihr gehörte zwar das Haus und da es eine gemeinsame Firma war, musste mein Vater für große Investitionen immer auch die Unterschrift meiner Mutter einholen, aber ansonsten hatte meine Mutter keinen großen Spielraum in dieser Ehe. Ehemänner entschieden damals noch darüber, ob Ehefrauen arbeiten durften. Einen Führerschein hatte meine Mutter nicht gemacht, eigenes Geld in dem Sinne besaß sie auch nicht. Scheidung? So was tat man nicht. – Noch nicht.

Im Jahre 1958, zum zehnjährigen Bestehen der Firma, kaufte mein Vater einen *Mercedes 180*. Später, in angetrunkenem Zustand, sagte er mal zu mir: »Die Leute meinten schon, wir könnten unser Mehl nicht mehr bezahlen. Stattdessen habe ich den Wagen gekauft und bar bezahlt.« Das war schon was. Aber meine Mutter hat sich über diesen Wagen nie gefreut. Warum nicht, können wir nur vermuten. Ich habe diesen Wagen geliebt. Wir sind mit ihm zu meiner Oma, der Mutter meines Vaters, nach Gelsenkirchen gefahren. Fast nur Autobahn. Da waren wir fast die Einzigen auf der Bahn und auch die schnellsten. 140 km/h schaffte zu der Zeit kaum einer, höchstens ein größerer *Mercedes* oder ein *Opel Kapitän*. Ich war noch so klein, dass ich mich während der Fahrt hinten auf die Hutablage legen konnte, und genoss diese Fahrten sehr. Ein Jahr später passte ich nicht mehr auf die Hutablage und rollte immer runter. Das war schade.

Diese Fahrten zu meiner Oma waren für meine Mutter immer ganz was Schlimmes. Die beiden Frauen verstanden sich nicht. Meine Oma warf meiner Mutter vor, sie würde ihren Sohn nicht gut behandeln. Meine Mutter warf meiner Oma vor, sie würde sich mit falschen Federn schmücken, sie sei überhaupt keine Schneiderin und so weiter. Ich blieb mehrmals in den Ferien bei meiner Oma und ihrem Mann. Der war nicht mein leiblicher Opa, sondern nur der Mann meiner Oma. Wann sie ihn geheiratet hat, weiß ich nicht, aber er war da und immer sehr nett zu mir. In seinem Arbeitsleben war er Bergmann gewesen und arbeitete unter Tage, bis es zu einem schlimmen Unfall kam. Ich glaube, *Bergstutz* nennt man so was: Ein großer Brocken löste sich aus der Wand und zertrümmerte ihm ein Knie. Das blieb infolge dessen steif und er konnte nicht weiter unter Tage arbeiten. Da die kleine Rente nicht zum Leben reichte, ging er nachts mit einem Hund als Nachtwächter auf der Zeche auf Streife. Er roch leider sehr schlecht. Die kleine Zweizimmerwohnung mit Klo auf dem Flur gehörte auch der Zeche. Ein Badezimmer war nicht vorhanden. Zum Baden wurde ein Zinkzuber, in den der Popo eines Erwachsenen mit angezogenen Beinen gerade so rein passte, aus dem Keller geholt. Ich habe aber die Erwachsenen nie darin sitzen gesehen. Aber das war vermutlich nicht die Ursache des schlechten Geruchs, eher die Tatsache, dass mein Opa Stumpen rauchte, und zwar ununterbrochen. Er war davon ständig ganz braun um den Mund herum. Pflichtküsschen waren ganz schön unangenehm.

Leider langweilte mich mein Opa bei jedem Besuch aufs Neue ständig mit zwei kleinen Figuren, die er immer wieder hervorholte: zwei Hunde; einer schwarz und einer weiß. Die hatten einen kleinen Magneten eingebaut. Mein Opa stellte sie vor mir auf den Tisch. Die Hunde standen sich gegenüber und Opa schob sie langsam dichter aneinander. Kurz bevor sie sich berührten, drehte sich der eine Hund blitzschnell um und der andere hatte sein Hinterteil an der Nase. Darüber konnte sich mein Opa stundenlang amüsieren und das erwartete er auch von mir.

Ich glaube, meine Oma liebte mich über alle Maßen. Leider sahen wir uns nicht so oft, wegen der Entfernung und der Differenzen mit meiner Mutter. Das meine Oma mal für längere Zeit bei uns zu Besuch war, kam sehr selten vor, aber einmal war sie da. Ich glaube, weil wir gerade niemanden für die Küche hatten. Schließlich saßen da schon mal 15 Menschen in mehreren Schichten am Mittagstisch, die bekocht werden mussten. Meine Mutter hatte den Laden und dafür keine Zeit. Meine Oma war schätzungsweise 1,55 m groß. Wenn sie einen Teller mit Eintopf vom Herd zum Tisch trug, hielt sie ihn in 90 cm Höhe. Gerade als sie das einmal tat, kam ich mit einem Affenzahn in die Küche gerannt und kreuzte ihre Bahn. Das ging zwar nicht ins Auge, aber genau an meinen Hals. Der Inhalt des Tellers ergoss sich komplett über Hals und Oberkörper. Am Oberkörper war ich geschützt, aber der Hals war schwer verbrüht. Für mich waren es heftige Schmerzen, aber meiner Oma bereitete es Höllenqualen, was da passiert war, doch sie traf keinerlei Schuld. Aber das war meiner Mutter in diesem Fall völlig egal. Nachdem sie mich mit Margarine am Hals im Bett versorgt hatte (offenbar galt Margarine als Geheimrezept bei Verbrennungen, zum Arzt ging man nicht, der Kopf war ja noch dran), machte sie meiner Oma schlimmste Vorwürfe. Danach war meine Oma nur noch ein Mal bei uns. Sie hatte sich den Arm gebrochen und konnte sich nicht allein versorgen, ihr Mann war da schon tot.

Zu meiner Oma gibt es aber noch einiges zu sagen, dass ich hier natürlich nur weitererzählen kann. Die Geschichten kenne ich von meinen Cousinen Heike und Ute. Die beiden und Heribert sind die

Kinder meiner echten Tante Marta. Tante Marta war die Schwester meines Vaters. Außerdem hatte mein Vater noch einen Bruder Namens Erich. Um das Verhältnis meines Vaters zu seinem Bruder einmal kurz und knapp darzustellen, folgende kleine Begebenheit: Als ich einmal mit meinem Bergmanns-Opa in den Ferien zu seinem Bruder nach Essen-Steele gefahren bin, um ihn zu besuchen, wurden wir anständig aufgenommen. Als wir uns aber verabschiedeten, sagte Onkel Erich zum Abschied zu mir: »Bestell deinem Vater von mir, dass er ein Arschloch ist.« Das hat mich dann doch ganz schön überrascht. Erstens, weil ich erst sieben Jahre alt war. Zweitens, weil ich über irgendwelchen Streit zwischen den Brüdern überhaupt nichts wusste. Die Zusammenhänge klärten sich für mich erst sehr viel später auf. Onkel Erich war drei Jahre, Tante Gerda anderthalb Jahre älter als mein Vater. Mein Vater war der jüngste und der absolute Liebling meiner Oma. Daraus hätte sich ja schon genügend Konfliktpotenzial ergeben können, aber es kam noch erschwerend hinzu, dass mein Vater nicht den gleichen Vater hatte wie die beiden anderen Kinder meiner Oma. Meine Oma hatte nämlich innerhalb ihrer Ehe ein Verhältnis mit dem Bruder ihres Ehemanns und der war der Vater meines Vaters. Das alles spielte sich ab im Landkreis Allenstein in Ostpreußen. Wie das alles herauskam und sich genau entwickelte und aufklärte, weiß ich leider nicht. Ich weiß nur, dass da der Groll seinen Ursprung hatte. Mein Vater machte dann in Ostpreußen seine Bäckerlehre und nach wenigen Gesellenjahren wurde er 1939 schon zu Wehrmacht eingezogen. – Oder hatte er sich freiwillig gemeldet? Über diese Dinge wurde in der Familie nie gesprochen. Jedenfalls nicht, wenn wir Kinder es hören konnten. Meine Oma zog dann von Ostpreußen ins Ruhegebiet um, noch bevor die russische Armee dort einmarschierte. Mein Vater war den gesamten Krieg über im Einsatz, wohl in einer Versorgungseinheit, weil er ja seine Meisterprüfung in den Kriegsjahren gemacht hatte. Auf jeden Fall hat sich mein Vater in diesem Krieg ein gewaltiges Trauma geholt, das ihn sein Leben lang begleitete. Meine Oma hatte in späteren Jahren dann wieder ein gutes Verhältnis zu ihrer Tochter Gerda und sie wohnten nicht weit auseinander in Gelsenkirchen. Meinen Onkel Erich habe ich nie bei seiner Mutter gesehen. Die Liebe meiner Oma zu ihrem jüngsten Sohn hat sich dann wohl auf mich übertragen. Richtig danken konnte ich es ihr nie, weil ja später die Ehe meiner Eltern geschieden wurde und ich ohne Wenn und Aber auf der Seite meiner Mutter stand. Kontakte zu meiner Oma unterblieben daher immer mehr und ich habe mich ja auch für viele Jahre von zu Hause entfernt. Später brachte mein Vater seine Mutter in einem Altenheim ganz in unserer Nähe unter. Sie starb dort mit 91 Jahren. Gerne hätte ich als erwachsener Mann ihre ganze Lebensgeschichte gehört, aber dazu kam es leider nicht mehr. Mein Vater und seine Mutter sind auf unserem Friedhof nebeneinander beerdigt. Meine Mutter liegt zwei Reihen davon entfernt.

Das Jahr 1959 war ein ganz besonderes. Es gab den heißesten Sommer, den ich bis dahin erlebt hatte.

Oberhalb unseres Hauses am Waldrand, Luftlinie 700 Meter entfernt, stand eine *Baracke*, so nannte man die Behelfsunterkünfte, die nach dem Krieg gebaut worden waren, um heimatvertriebenen oder ausgebombten Menschen kurzfristig eine Unterkunft zur Verfügung zu stellen. Wegmann, Kohlmann und Körster wohnten dort, jeweils mit mindestens drei Kindern, und in den meisten Fällen waren auch noch Oma und Opa dabei. Der Krieg war nun schon 14 Jahre zu Ende, aber sie wohnten immer noch da. Wohnungen für so viele Menschen waren rar.

Da oben hatten sich die Familien geradezu eine eigene Welt aufgebaut. Es gab ein langes Gebäude mit allen Wohn -und Schlafräumen darin und über den Hof ein Gebäude mit Sanitärräumen und Waschküche. In dem langen Gebäude hatte jede Familie nur zwei Zimmer und eine kleine Küche. Wie die das gemacht haben, weiß ich nicht. Auf jeden Fall hieß das für die Kinder, bei jeder nur möglichen Gelegenheit ab nach draußen. Das Gebäude stand ja direkt im Wald. Also spielte man im Wald.

Von den Körster-Jungs waren zwei älter und einer jünger als ich. Natürlich standen sie auf dem *Index*, aber die Jungs hatten ein Stück von ihrem Wald *gefegt* und dort konnte man zwischen den Bäumen Fußball spielen. Das war toll. Der älteste Bruder war ein unangenehmer Kerl, ein Schläger. Mich hat er nie geschlagen, aber andere. Das kam durch seinen gewalttätigen Vater. Wenn der abends nach Hause kam, machte er sogleich den Gürtel aus der Hose und verabreichte allen drei Jungs eine Tracht Prügel. Irgendetwas, dass die Tracht Prügel rechtfertigte, würden sie schon gemacht haben über den Tag, war die Begründung. Ich war mehrfach Zeuge dieser Attacken.

In dem heißen Sommer 1959 gab es nun kein Wasser mehr in der Baracke. Der Brunnen war ausgetrocknet. Um die Menschen zu versorgen, fuhr in diesem Sommer jeden Tag ein Tankwagen der Feuerwehr mit Trinkwasser dorthin. Zur gleichen Zeit bauten wir unsere neue große Backstube hinten auf dem Hof. Dort stand schon unser Kohlenschuppen mit den vielen Briketts für die Backöfen. Zum Gießen des Fundaments und später der Decke wurden Unmengen an Wasser gebraucht. Für uns kein Problem. Wir hatten einen eigenen Brunnen, über 30 Meter tief gebohrt, der versiegte nicht.

Das Gebäude, dass da entstand, war für mich ungeheuer groß. Über 30 Meter lang, 20 Meter breit und mit einem 15 Meter hohen verklinkerten Schornstein. Es gab zwei Ebenen im vorderen Bereich, in dem das Büro und darüber Aufenthalts- sowie Duschräume entstanden, in der anderen Hälfte eine Wohnung. Über der Backstube befand sich ein Mehlboden. Dort wurde anfangs das Mehl noch in Jutesäcken à 100 Kilo gelagert.

Für uns Kinder war es hier riesig. Ein großer Abenteuerspielplatz. Es gab einen Aufzug, mit dem die Mehlsäcke rauf und runter befördert wurden. Dieser Aufzug lief auf einer Schiene an der Decke, die zwei Meter nach draußen ragte. Zur Beförderung der Mehlsäcke gab es eine Kette. Oberhalb der Kettenschlinge, die man um die Mehlsäcke legte, befand sich eine Kugel von zehn Zentimeter Durchmesser, die mit einem Kontakt den Aufzug abschaltete, wenn er oben angekommen war. Wenn man sich an der Kugel festhielt und mit einem Fuß in die Kette trat, konnte man prima mit dem Aufzug rauf und runter fahren. – Durfte man zwar nicht, war aber darum besonders interessant. Das für die Mitarbeiter Duschen gebaut wurden, fand ich besonders bemerkenswert. Die waren so schön und modern, dass wir selber ab und zu dort duschten. An dem Gebäude wurde das ganze Jahr über gebaut und der Umzug der Bäckerei erfolgte erst im Frühjahr 1960.

Noch während im alten Gebäude gebacken wurde, ereignete sich Folgendes: Sobald ich durfte, bin ich beim Backwarenausliefern mitgefahren. Das geschah deshalb schon recht früh, weil ich nicht in den Kindergarten ging. Wir hatten es versucht, aber es ging nicht. Ich wurde dort krank, denn die strengen Schwestern dort sperrten mich als Strafe für Missverhalten in den Keller und es gab noch andere Maßregelungen, die ich nicht gewohnt war. Erstmalig mit ausgeliefert habe ich wohl mit unserem *Tempo*-Lieferwagen, dann mit den *VW Bullis*. Sehr bald hatten wir dann auch einen Vollzeitfahrer, Rudi. Rudi kam anfangs mit dem Motorrad zur Arbeit, später durfte er dann den *Bulli* mit nach Hause nehmen. Trotz einer Genehmigung durch meine Eltern, hieß das noch lange nicht, dass ich auch wirklich mit Rudi mitfahren durfte. Rudi hatte da seine eigenen Regeln. Warum ich mal mitfahren durfte, und mal nicht, verstand ich nicht, aber so war es. Und wenn Rudi *Nein* sagte, dann half es auch nicht, wenn mein Vater mir erlaubte, mitzufahren. Rudi hatte das letzte Wort, denn mein Vater hielt große Stücke auf ihn und wollte meinetwegen keinen Streit mit ihm anfangen, weil Rudi immer pünktlich war. Sein Lieferwagen war immer sauber gepflegt und Rudi fehlte keinen Tag. Einmal hatte Rudi einen schweren Unfall, bei dem er auch verletzt wurde. Mit Binde um den Kopf und Arm in der Schlinge erschien er trotzdem am anderen Tag zur Arbeit. Er konnte aber nicht arbeiten und mein Vater schickte ihn nach Hause. Mein Vater fuhr die nächste Zeit Rudis Tour. Als er dann an einem Tag zu einem Kunden kam, der sehr viel Brot von uns bezog, fragte der ihn nach den 100 Broten, die er doch immer donnerstags ohne Rechnung bekam und die mein Vater natürlich nicht dabei hatte, weil er von denen überhaupt nichts wusste. Auf diese Art und Weise klärte sich dann auf, warum Rudi immer pünktlich, zuverlässig und gewissenhaft gewesen war: Das Geld für diese Brote ging natürlich in seine Tasche. Ich habe von der Geschichte nur erfahren, weil ich mal gefragt habe, warum Rudi nicht mehr kam. Diese Erfahrung war eine ganz schlimme für meinen Vater. Diese Enttäuschung war dann tatsächlich das Ende seiner Täuschung durch Rudi!

Auch auf Touren von Haus zu Haus fuhr ich oft mit. Dann wurde der Wagen, fast immer ein *Bulli*, morgens vollgeladen und 15 oder 20 Kilometer entfernt eine Tour gefahren. Mit meinem Cousin, wieder einer aus der Vorkriegsfamilie meiner Mutter, machte es am meisten Spaß. Bei dem durfte ich immer auf der Beifahrerseite ins Auto springen, wenn er schon angefahren war. Das brachte eine gewisse Dynamik ins Brotausliefern. Oft sagte er zu mir: »Zwei Kasseler Brote mitnehmen und da vorne klingeln.« Wenn keiner aufmachte, musste ich die Brote vor die Tür legen und konnte dann wieder in den schon angefahrenen Wagen springen. Anfangs fragte ich noch: »Vielleicht brauchen die heute gar kein Brot.« Aber er sagte dann: »Die machen nur nicht auf, weil sie heute nicht bezahlen können. Das kassieren wir dann nächste Woche alles zusammen.« Ob er sich Notizen darüber gemacht hat, weiß ich allerdings nicht mehr. Zum Kassieren hatte er einen großen Lederbeutel mit einem Klemmverschluss aus zwei kleinen Bügeln oben dran. Zum Wechseln hat er dann immer laut mit dem Kleingeld geklimpert. Manche Erinnerungen sind wirklich seltsam.

Nachdem wir in die neue Backstube umgezogen waren, wurde aus der alten ein Mini-Supermarkt gemacht. Gut 100 qm standen dafür zur Verfügung. Es gab Regale mit allen wichtigen Grundnahrungsmitteln, Körperpflege, Waschmittel, Konserven, einen Drogerieschrank, Backwaren natürlich und eine Wursttheke. Frisches Obst und Gemüse nach Saison. Unser Einzugsgebiet umfasste, wenn es hochkam, 200 Menschen, aber die versorgten sich anfangs auch bei uns. Nahversorgung halt. Mit dem Auto zum Einkaufen fahren, das gab es da noch nicht so oft, in der Folgezeit aber immer öfter. Doch anfangs war noch alles wie immer und meine Mutter stellte ein Mädchen ein, das ihr im Laden half. Die kam aus der Nachbarschaft und hieß Rosi. Eine Flüchtlingsfamilie, die auf einem Bauernhof wohnte. Rosi wurde bei uns in der Familie Mädchen für alles. Sie war sehr gutmütig und ein wenig naiv. Außerdem war sie sehr üppig gebaut. Ich hatte mit meinen neun oder zehn Jahren durchaus schon einen Blick dafür.

Wie es zu folgender Begebenheit genau kam, kann ich natürlich nicht mehr sagen, auf jeden Fall waren zwei unserer Bäckergesellen, die auch bei uns wohnten, an diesem Tag in unserem Wohnzimmer, um Fernsehen zu schauen – was sicher bedeutet, dass meine Eltern nicht zu Hause waren. Die jungen Männer fingen an, mit Rosi zu schäkern und sie zu necken. Irgendwann hielten sie sie fest und forderten mich auf, Rosi zu kitzeln. Diese Gelegenheit, ihren großen Busen zu begrapschen, ließ ich mir nicht entgehen. Ich konnte gar nicht verstehen, warum es Rosi keinen Spaß zu machen schien. Die beiden Gesellen klatschten doch vor Freude Applaus. Wie sich später herausstellte, war dies ein Schlüsselerlebnis für mich. Ich wollte bei jeder Gelegenheit noch mal an ihren Busen fassen, oder noch besser, ihn zu sehen bekommen – was sie natürlich nicht zulassen konnte. Mein Wunsch, diesen Busen auch mal zu sehen, führte dann eines Tages zu einem ausgetüftelten Plan: Ich holte eine lange Leiter und stellte sie auf der Rückseite des Kohlenschuppens ans Dach. Dort war eine Rinne zwischen zwei Dächern. Von dort aus konnte man unbemerkt zum Fenster des Duschraums für die Mitarbeiter klettern. Der eine Teil des Fensters stand auf kipp und gewährte mir einen minimalen Einblick in den Raum. Die Freude währte aber nur so lange, bis Rosi aus vollem Hals zu schreien begann und es auch nichts half, dass ich rief: »Ich bin's doch nur.« Sie hörte nicht auf zu schreien und ich musste mich zurückziehen. Kurze Zeit später gab Rosi ihre Arbeitsstelle bei uns auf. Warum sie das tat, darüber hat keiner mit mir gesprochen.

Im Zusammenhang mit der Dusche gibt es noch eine Begebenheit, an die ich mich erinnere: An meinem zehnten Geburtstag hatte ich einen meiner Schulfreunde zu mir zum Spielen eingeladen. Er war der jüngste Sohn des Pastors. Als Geburtstagsgeschenk brachte er mir ein DIN-A5-Schreibheft mit. Die hatten wir selber im Laden zum Verkauf und ich konnte mir davon so viele nehmen, wie ich brauchte, das Geschenk war von daher ein bisschen überraschend für mich. Aber er hat es sicher gut gemeint. Wir haben also den Nachmittag zusammen verbracht und ich habe ihm natürlich auch die Backstube gezeigt. Auch die Duschen. Da haben wir dann gesessen und er hat mir etwas erzählt von Geschichten, die nicht in der Bibel stünden, obwohl sie da rein gehörten. Ein weiteres Buch Moses sollte es geben, dass aber geheim wäre. Das enthielte Wahrheiten, die nur ganz bestimmte Menschen wissen dürften und so weiter. Das fand ich alles ungeheuer spannend. Irgendwann während des Gesprächs sagte er dann aber, er hätte gehört, dass Männer sich gegenseitig den *Pieselmann* in den Hintern stecken könnten und ob wir das mal ausprobieren wollten. Davon hatte ich noch nie etwas gehört und war einigermaßen überrascht. Doktorspiele, ja. Zwei oder drei Jungs, die ein Mädchen untersuchten – das war klar. Aber Pieselmann in den Hintern? Das fand ich komisch. Also habe ich mit zehn Jahren, ohne je etwas von Homosexualität gehört zu haben, schon eine andere Präferenz für meine Sexualität gehabt, ohne dies überhaupt benennen zu können. Ich habe seinen Vorschlag abgelehnt. Unsere Freundschaft kühlte in der Folgezeit merklich ab. Er wechselte dann auch die Schule und wir sahen uns nur noch zum Konfirmandenunterricht und im CVJM. Mein ehemaliger Schulfreund stellte sich tatsächlich als homosexuell heraus, das hat ihm niemand beigebracht, das war einfach so, genetisch angelegt. Heute weiß die Wissenschaft, dass immer schon 10–12 Prozent der Männer homosexuell waren, und zwar in allen Gesellschaften, im Tierreich übrigens auch. Und sie gehörten stets zur kreativen Elite. Ein Forschungsansatz, warum das so ist, besagt, dass mit jedem weiteren Sohn, den eine Frau zur Welt bringt, die prozentuale Wahrscheinlichkeit zu homosexueller Ausrichtung weiter ansteigt, was ja auch menschheitsgeschichtlich Sinn macht. Die *überzähligen* Männer fallen so für die Reproduktion der Menschen aus. Mein Schulfreund war der dritte Sohn seiner Mutter. Ob seine älteren Brüder Hetero -oder homosexuell waren, weiß ich allerdings nicht. Er studierte Sozialwissenschaften und wurde später Leiter eines Waisenhauses in Südamerika.

Von meinem zehnten bis zu meinem vierzehnten Lebensjahr bin ich jede Sommerferien mit dem CVJM in ein Zeltlager gefahren – drei Wochen an die Nordsee, Ostsee, in den Harz und so weiter. Das war etwas ganz Tolles. Insgesamt 50 Personen und mehr bildeten das Lager. Zwei Busse voll. (Auf einer Fahrt wurde aus dem Bus vor uns immer eine Bildzeitung an die Rückscheibe gehalten. Schlagzeile: *Marylin Monroe tot.*) Außer den Schlafzelten gab es noch Gemeinschaftszelte: ein Küchenzelt, ein großes Gemeinschaftszelt für schlechtes Wetter und eines für die Leitung, das war gleichzeitig auch Sanitätszelt. Die Organisation vor Ort war straff gegliedert. Es gab einen Zeltältesten in jedem Schlafzelt. Das war ein freiwilliger Helfer, der schon mindestens 17 oder 18 Jahre alt sein sollte.

Sechs bis acht Personen schliefen in einem großen Schlafzelt. Der Zeltälteste hatte für Disziplin und Ordnung zu sorgen. Das Stroh, auf dem wir schliefen, musste täglich aufgeschüttelt werden, die Schlafsäcke darüber glatt gezogen, das Zelt aufgeräumt und gefegt werden. Dafür gab es Punkte. Das war ein Zeltordnungswettbewerb. Am Ende jeder Woche gab es eine Siegerehrung. Alles in diesen Zeltlagern war Wettbewerb: ob Geländespiele, Küchendienst oder Zeltordnung. Das hatten die Verantwortlichen sehr geschickt gemacht. Wir waren praktisch bei allem, was wir taten, im *Sportmodus*, und somit machte alles Spaß.

Es wurde natürlich auch gebetet. Eigentlich immer. Zum Frühstück, zu Mittag und am Abend und noch das eigene kleine Nachtgebet. Ich habe in den ersten Jahren der Zeltlager sehr gefrömmelt und mich ernsthaft bemüht, die Frohe Botschaft zu verstehen. Aber zum einen war alles, was ich tat, nicht vollkommen genug, um den Ansprüchen des Glaubens zu genügen, und andererseits hatte ich immer wieder Zweifel, ob das denn stimmen konnte, was uns über Gott und Jesus erzählt wurde. Warum ließ ein allmächtiger Gott zu, dass sein Sohn auf so grausame Weise hingerichtet wurde? Meine Frömmelei wurde von zu Hause nicht unterstützt, es wurde aber auch nicht versucht, es mir auszureden. Konfirmandenunterricht und sonntägliche Kirchenbesuche wurden sogar verlangt und wir wurden oft mit dem Auto zur Kirche gebracht.

In dieser Zeit kam es einmal vor, dass ich mich mittags an den großen Tisch setzte, an dem schon mehrere Bäckergesellen saßen, und vor dem Essen betete. Das war bei uns nicht üblich. Meine Mutter sah es und sagte ganz laut: »Was machst du denn da?« Ich sagte ihr, dass ich bete, und sie fand das sehr befremdlich. In einem Gespräch mit meiner Mutter habe ich sie dann mal gefragt, ob sie den nicht an den lieben Gott glaubt? Ihre Antwort weiß ich noch genau. Sie sagte: »Ich habe in meinem Leben schon zweimal grausame Kriege miterleben müssen. Mit all dem Elend und Leid, das damit verbunden ist. Ein Gott, der so was zulässt, an den will ich nicht glauben.« Möglicherweise liegt in dem Ausspruch meiner Mutter der Grund für meine Zweifel am christlichen Glauben, die in der Folgezeit bei mir immer größer wurden. Heute kann ich mit der märchenhaften christlichen Lehre überhaupt nichts mehr anfangen und bin ein Gegner aller Religionen. Unabhängig davon sind ja viele christliche Inhalte durchaus richtig und lebenswert, aber braucht es denn unbedingt einen, der übers Wasser laufen kann, um nach ethischen Gesichtspunkten zu leben? Die katholische Kirche mit ihren Ritualen, ihren Heiligen und ihrer unglaublichen Doppelmoral lässt mich geradezu wütend werden. Was ist aus dem Inhalt der Bergpredigt geworden? Deren konsequente Umsetzung hätte zu einem völlig anderen Lebensmodell der Christen führen müssen. Aber die Kirche interessiert sich nur für ihren eigenen Machterhalt durch Intrigen und Doppelmoral. Machtausübung erfolgt durch den Zwang zur Beichte. Dazu die jahrhundertelange Unterdrückung von Wissenschaft und Forschung, die Förderung von Angst und Aberglaube durch die Erfindung von Einschüchterungsszenarien wie Hölle, Teufel und Fegefeuer, die jahrhundertelange Verelendung der Massen, nur um die eigenen Pfründe zu sichern. Auch die evangelische Kirche hat sich nicht besser verhalten, wenn es um ihre Macht ging. Ich bin bis heute aus einem einzigen Grund nicht aus der evangelischen Kirche ausgetreten und der hat nichts mit jungfräulicher Geburt oder Auferstehung nach dem Tod zu tun, aber nach meiner Überzeugung ist es der Existenz der evangelischen Kirche in der DDR mit ihrer Schutzfunktion zu verdanken, dass die Revolution von 1989 nicht mit einem riesigen Blutvergießen endete. Dafür zahle ich meinen Beitrag weiter.

Wie ich an anderer Stelle schon mal erwähnt habe, war ich einer der kleinsten Jungen, aber gleichzeitig auch einer der besten Sportler in meinem Jahrgang. Ich lief allen davon, sogar älteren Jungs. Bei den Bundesjugendspielen der Schulen gab es für mich kein Jahr ohne Ehrenurkunde. Es ging in jedem Jahr nicht darum, ob ich eine Ehrenurkunde bekam, sondern nur darum, mit wie vielen Punkten. Mit diesen Voraussetzungen war ich ein begehrter *Reiter* bei den Reiterkämpfen im Zeltlager: klein, leicht, aber superwendig. Zu den Reiterkämpfen suchte sich der, der das *Pferd* war, einen *Reiter* aus. Wer zuerst aussuchen durfte, wurde mit Fuß voreinander stellen entschieden: Zwei *Pferde* standen in zwei Meter Abstand voreinander und setzten je abwechselnd einen Fuß vor den anderen. Wer zum Schluss seinen Fuß nicht mehr in die Lücke setzen konnte, hatte verloren und der andere durfte anfangen, sich einen *Reiter* auszusuchen. Ich war dann immer sehr schnell vergriffen. Zum Kampf kam der *Reiter* huckepack auf das *Pferd* und die *Reiter* mussten versuchen, sich gegenseitig vom Rücken des *Pferdes* herunterzureißen. Wenn der *Reiter* vom Rücken des Pferdes herunter war, hatte das Team verloren. Da konnte es schon mal ordentlich zur Sache gehen. Wenn das *Pferd* stark und der *Reiter* geschickt war, konnten sich regelrechte Schlachten über mehrere Runden entwickeln. Und je öfter wir übten, desto erbitterter wurden die Auseinandersetzungen. Die Raufereien wurden so heftig, dass die Kämpfe irgendwann verboten wurden – die Verletzungsgefahr wurde zu groß. Leider ging für mich damit ein wesentlicher Anreiz, mit in die Zeltlager zu fahren, verloren.

Wenn es trocken war, wurde am Abend immer ein Lagerfeuer gemacht. Dazu wurden dann die einschlägigen Pfadfinderlieder gesungen: *Wenn wir erklimmen, schwindelnde Höhen* oder *Alle die mit uns auf Kaperfahrt fahren.* Und natürlich wurden auch Andachten abgehalten. Aus meiner heutigen Sicht ist das, was man mit den Kindern dort machte, nichts anderes als das, was man eine *Gehirnwäsche* nennt. Auch das Dritte Reich hat mit Mitteln der Freizeitgestaltung und des Gemeinsinns die Jugend eingefangen. Das Konzept ist das gleiche, nur waren die Ziele des CVJM selbstverständlich und zum Glück völlig andere: Hier sollten Kinder als Nachwuchskräfte für christliche Organisationen entwickelt und gefunden werden.

Über die Zeltältesten habe ich am Anfang kurz gesprochen. Die durften sich ihre Zeltbesatzung oftmals selber aussuchen oder an der Zusammenstellung mitwirken. In einem Jahr kam ich zu Hartmut ins Zelt, der nahm dann die Einteilung der Schlafplätze vor.

Mich platzierte er neben sich. Sein Platz war bei einer Siebener-Belegung genau in der Mitte. Das war richtig, denn die Älteren kamen immer später zum Schlafen ins Zelt. In den folgenden Wochen passierte es nun regelmäßig, dass Hartmut sich neben mich legte, wenn er spät abends ins Zelt kam, und mich küsste. Ich tat natürlich so, als ob ich schliefe, und habe es über mich ergehen lassen. Das war wie beim in die Hose pinkeln, beim *Rosenbilder* kaufen: Ich wusste einfach nicht, was ich tun sollte. Hartmut hatte schon einen Führerschein und einen *VW Käfer*. Nach diesem Zeltlager kam er den Rest des Sommers fast jeden Sonntag zu uns nach Hause. Er bat mich, in seinen Käfer einzusteigen. Dort saßen wir dann, meistens schweigend, und nach zwei Stunden fuhr er wieder weg. Ich war heilfroh, als das aufhörte, fand aber auch keinen Weg, es aktiv zu beenden. Ich war der Meinung, dass ich ihn sehr verletzen würde, wenn ich ihm sagte, er solle nicht mehr kommen. Wie es dann endete, weiß ich wirklich nicht mehr. Dass meine Mutter einmal fragte: »Was macht ihr da eigentlich die ganze Zeit?«, daran kann ich mich noch erinnern. Aber auch meine Eltern wurden nicht aktiv. Eigentlich war die Situation suspekt genug, um einzugreifen. Ansonsten hat Hartmut nichts unternommen, um mir näherzukommen, außer dieser Anschmachtungen. Er wurde nie handgreiflich. Als Erwachsener habe ich ihn einige seltene Male in der Stadt gesehen. Ich musste dabei immer dem Instinkt widerstehen, im eine reinzuhauen. Der Gedanke, dass meine Kinder so jemandem schutzlos ausgeliefert sein könnten, hat mich unglaublich wütend gemacht. Aus diesem Grunde habe ich mit meinen Kindern über solche Situationen gesprochen und ihnen gesagt: »Wenn euch jemand zu nahe kommt, ohne dass ihr das möchtet, dann sagt mir Bescheid. Ich regele das. Ihr seid in so einer Situation nicht Täter, sondern Opfer, und braucht keine Angst zu haben, mit mir darüber zu sprechen.« Meinem Sohn ist tatsächlich einmal ähnliches widerfahren und er konnte mit mir darüber reden.

Ein anderer Zeltältester wurde hingegen handgreiflich. Das war Michael, der Sohn des Pastors aus unserer Nachbargemeinde. Er war als Aufsichtsperson mit im Zeltlager. Er spielte Gitarre und war einer, der die Lieder anstimmte und so was wie ein Vorsänger. Zum Zeitpunkt der Vorfälle, die ich nun beschreiben werde, war er knapp 20 Jahre alt. Ich denke, die Sache mit Hartmut und dieser Vorfall waren in zwei aufeinanderfolgenden Jahren am Anfang der Zeltlagerzeit. Ehrlich gesagt weiß ich auch nicht mehr, ob Michael in dem Jahr mein Zeltältester war. Woran ich mich sicher erinnere, sind gemeinsame Kämpfe als *Pferd* und *Reiter*. Daher vermutlich seine Affinität zu mir. Zum Beispiel bot er mir an, einige Griffe auf der Gitarre von ihm zu lernen. Dazu schlug er vor, ihn zu besuchen, wenn wir wieder zu Hause wären. Das war nicht weit von uns und leicht mit dem Fahrrad zu erreichen. Kurz nach dem Zeltlager, es war noch Sommer, meldete er sich bei mir. Ich glaube sogar, er rief bei uns zu Hause an und nannte einen Tag, an dem ich kommen könnte. Ich bin dann zum Pastorenhaus gefahren und traf ihn alleine an. Eltern oder sonstige Bewohner des Hauses waren keine da. Nach einiger Zeit und einigen Gitarrengriffen fragte er, ob er mir die Kirche zeigen solle, die direkt neben dem Pfarrhaus lag. Da es ansonsten eher langweilig war, habe ich gerne zugestimmt. Nachdem wir die Kirche besichtigt hatten, fragte er, ob ich mir die Orgel mal genauer ansehen wolle. Natürlich wollte ich das. An der Orgel angekommen und nach einigen Erklärungen sagte er, ich könne sogar hineingehen in die Orgel und zwischen den Orgelpfeifen herumspazieren. Als ich das wollte, sagte er mir, ich müsse mich dazu aber ausziehen, weil es zwischen den Orgelpfeifen sehr staubig sei. Ich war geistig schon wieder vor dem Tresen, beim *Rosenbilder* kaufen. Er gab sich so viel Mühe und es schien ihm so viel zu bedeuten, mir die Orgel von innen zu zeigen, dass ich nicht anders konnte. – Ich zog mich aus. Bis auf den Schlüpfer. »Der muss auch noch weg«, sagte er. Als ich dann durch die Orgel geklettert bin, wusste ich nicht wirklich, wozu ich das tat. Da gab es ja rein gar nichts zu sehen. Um ihm eine Freude zu machen, hielt ich mich zwei oder drei Minuten darin auf. Als ich wieder rauskam und mich anzog, sagte er: »So schmutzig kannst du aber nicht nach Hause, du gehst am besten erst einmal bei uns in die Badewanne.« So geschah es. Er hat mich dann gründlich gebadet, obwohl ich das auch allein gekonnt hätte. Aber er bestand darauf, weil er ja schließlich daran schuld sei, dass ich so schmutzig war. Aber das war alles – zum Glück. Solle da mehr passiert sein, dann habe ich es verdrängt. Trotzdem fuhr ich einigermaßen verwirrt nach Hause. Es hat viele Jahre gedauert, bis ich diese Begebenheit einem anderen Menschen erzählt habe. Ich schämte mich sehr dafür. Schon kurze Zeit nach meinem Besuch im Pfarrhaus bekam der Pfarrer eine andere Dienststelle und die ganze Familie zog in eine andere Stadt. Michaels Vorgehen, mit dem präzisen Ablauf der Aktionen, lässt für mich heute nur den Schluss zu, dass er das, was er mit mir gemacht hat, bereits mehrfach davor mit anderen Jungs gemacht hat. Es wäre interessant zu wissen, wie so etwas heute strafrechtlich bewertet würde. Im Zeltlager war Michael auch nur ein einziges Mal dabei. Beim Niederschreiben diese Sätze kommen einige Erinnerungen dazu. Die Geschichten, mit beiden Pastorensöhnen, haben sich im selben Jahr abgespielt. Hartmut das Jahr darauf. Später hat sich das wohl niemand mehr getraut, auf ähnliche Art an mich heranzutreten, denn mit großer Wahrscheinlichkeit hätte ich mich zu wehren gewusst. Michael hat sich übrigens als junger Mensch durch Erhängen das Leben genommen, wie ich erfuhr.

Vermutlich ein Jahr später kam es zu einem Vorfall ganz anderer Art. In diesem Jahr war ich mit einem meiner Schulfreunde, Manfred, aus der gleichen Klasse, in einem Zelt. – Es war nicht der Manfred aus der Nachbarschaft. Wir waren in etwa gleich groß. Im Großen und Ganzen verstanden wir uns gut, aber ab und an rangelten wir mit einander; freundschaftlich, versteht sich. Aber einmal geriet die Rangelei außer Kontrolle. In meiner Erinnerung war alles locker und fröhlich, doch mit einem Mal wandte Manfred Methoden an, die sonst bei Rangeleien nicht üblich waren. Ich hatte ihn locker im Schwitzkasten, das waren normale Griffe, er aber krallte sich mit seinen Fingernägeln auf sehr schmerzhafte Weise in meinem Gesicht, direkt unter einem meiner Augen fest. Ich meine, dass ich ihn aufgefordert hatte, dass zu lassen. Aber er krallte sich mit aller Kraft weiter fest. Dies führte dann dazu, dass ich den Schwitzkasten mit aller Kraft zudrückte. Da fing Manfred plötzlich schrecklich an zu krächzen. Zum Glück kam in diesem Augenblick eine Aufsichtsperson dazu und hat den Kampf beendet. Als ich losließ, blieb Manfred liegen und krächzte weiter erbärmlich. Noch war ich stolz auf meine Leistung, Manfred wurde aber sofort ins Sanitätszelt gebracht und dort versorgt. Ich musste zum Leiter des Zeltlagers kommen und mir eine gehörige Standpauke anhören. Es war die Rede davon, mich nach Hause zu schicken. Das blieb mir aber erspart, nachdem ich versichert hatte, dergleichen nicht wieder zu tun. Später am Tag ging ich ins Sanitätszelt, um mich bei Manfred zu entschuldigen. Der lag auf einer Liege. Als er mich mit einem Auge erblickte, fing er sofort wieder an zu hyperventilieren und so zu tun, als bekomme er keine Luft und könne mich gar nicht sehen. Das nahm ich ihm äußerst übel, schließlich war ich extra gekommen, um mich zu entschuldigen. Dass es ihm wirklich so schlecht ging, wie er tat, habe ich ab da auch nicht mehr geglaubt. Er wollte nur, dass ich noch härter bestraft werde.

Manfred hat im weiteren Verlauf seines Lebens, wie man so sagt, das große Geld gemacht. Mit Chemie oder Öl oder so. Nach 50 Jahren haben wir uns wiedergesehen. Er war kurz nach besagtem Zeltlager mit seinen Eltern weggezogen. Erst als er seine berufliche Laufbahn beendet hatte, kam er mal in unsere Stadt zurück, auf der Suche nach seinen Wurzeln. Er war mit viel Geld auf dem Konto in den vorzeitigen Ruhestand gegangen. Für den Ruhestand hatte er sich in Marbella ein Haus gekauft und darauf gewartet, dass er durch Nichtstun und Sonnenschein glücklich würde. Das klappte offensichtlich nicht, weil er das Haus kurze Zeit später wieder verkaufte und woanders nach dem Glück suchte. Unter anderem bei alten Schulfreunden. Wir trafen uns einige Male und feierten ausgiebig. Um seine Verbundenheit zu seiner alten Heimat und alten Freunden zu zeigen, gewährte er einem Schulfreund ein größeres Darlehn, um dessen maroden gastronomischen Betrieb damit zu sanieren. Ich riet ihm davon ab, aber er ließ sich nicht beirren. Schließlich hatte er mit dem betreffenden Gastronom, der eigentlich Lehrer für Sport und Französisch war, klare betriebswirtschaftliche Regeln vereinbart. Es half auch nichts, dass ich ihm sagte, dass der von mir auch schon mal Geld geliehen bekam und wir klare betriebswirtschaftliche Regeln dafür aufgestellt hatten. Er lieh es ihm trotzdem. Nach einem halben Jahr und dem Nichteinhalten von klaren betriebswirtschaftlichen Regeln durch den Gastronom, der mal unser Schulfreund war, hat er sein Geld zurückverlangt. Manfred hat dann im Taunus von einem Japaner einen Golfplatz gekauft, aus einer Konkursmasse. Ein Schnäppchen. Auf dem Platz hat er sich ein Haus gebaut und lebt und arbeitet dort mit Freuden und in Frieden. Ich habe ihn mit meinen heutigen Freunden schon mehrfach dort besucht und auf seinem

Platz Golf gespielt. Bei einem der Besuche, wenn wir beide uns ein wenig absonderten von den anderen, und über alte Zeiten plauderten, habe ich ihn gefragt, ob er sich noch an unseren Kampf im Zeltlager erinnere. Er behauptete, absolut nichts davon zu wissen. Nun ja, Erinnerungen basieren auf Wichtung. Für ihn war es wohl bedeutungslos.

Eine kleine Anekdote möchte ich noch erzählen, die sich bei der Jugendarbeit im CVJM ereignete: Als wir, immer stärker pubertierend, von unseren Gruppenleitern bei den wöchentlichen Treffen auch mal etwas zum Thema Sex und Selbstbefriedigung von ihnen hören wollten und ob das strafbar sei, Krankheiten auslöse etc., bekamen wir folgende überraschende Antwort: *Selbstbefriedigung braucht man gar nicht erst zu machen, weil es ja in Wirklichkeit gar keine Befriedigung ist, weil man ja kurze Zeit später schon wieder Lust dazu hat.* So richtig befriedigend war das nicht.

Zu meiner Erfahrung mit dem CVJM möchte ich unbedingt hinzufügen, dass ich dort einige wirklich außergewöhnliche Menschen, im positiven Sinne, getroffen habe. Einige davon waren sicher sehr prägend für mich.

In den Jahren 1961/62 muss es gewesen sein, dass mein Vater sich einen Hund kaufte. Einen schwarzen Zwergpinscher. Er nannte ihn *Bambi*. Dieser Hund war anfangs so klein, dass mein Vater ihn in der Innentasche seines Sakkos mit sich herumtragen konnte. Wenn ihm dann jemand nahekam, um vor dem Hund *Ach ist der süß* zu sagen und zu versuchen, ihn zu streicheln, hat der sofort nach den Fingern geschnappt. Als der Hund dann ausgewachsen war, war er zwar immer noch klein, aber in die Innentasche des Sakkos passte er nicht mehr. Dafür lief er jetzt auf dem Boden herum und biss Leuten, die meinem Vater *Guten Tag* sagten, von hinten in die Hacken. Einige Paar Strumpfhosen galt es bei den Frauen zu ersetzen. Bei Männern schaffte er nur den Hosensaum, da ging nicht so viel kaputt.

Bambi war restlos auf meinen Vater fixiert. Wir anderen der Familie hatten ihm gar nichts zu sagen. Nur wenn mein Vater nicht im Haus war, konnten wir ihm etwas Gehorsam abverlangen. In der Hierarchie kam dann an erster Stelle meine Mutter und wenn die auch nicht im Haus war, gehorchte er auch mal bei uns Kindern. Aber er hat uns auch gebissen. Bambi war falsch und hinterhältig, aber bei der Körpergröße ja kein Wunder. Über Bambi wird später noch zu berichten sein.

Im Jahr 1962 ereignete sich unter anderem Folgendes: Ich war schon immer versessen auf alle möglichen Motorfahrzeuge, daher bat ich einmal einen Mitarbeiter, mit dem ich auf Ausliefertour war, ob ich den *Bulli* in die Garage fahren dürfe. Das waren ungefähr 30 oder 40 Meter. Ich habe wohl so gequengelt, dass er es mir erlaubte. Er setzte sich auf den Beifahrersitz und sagte mir, was ich zu tun hatte. Alles klappte prima. Ersten Gang rein und los. Ich sollte den Wagen aber nun in die ganz linke Bucht der Garage fahren. Dazu war es notwendig, ein wenig mehr nach links zu lenken und einen Bogen zu fahren, um dann gerade in das Tor zu fahren. Den Bogen nach links habe ich offensichtlich zu eng gewählt. Was der Mitarbeiter dann gesagt hat, was ich alles tun sollte, habe ich vermutlich nicht mehr gehört. Auf jeden Fall bin ich in die Garage eingefahren und dabei mit der kompletten rechten Seite an der Mauer entlanggeratscht. Vermutlich hat mein Beifahrer durch Beherztes Ziehen der Handbremse das Fahrzeug zum Stehen gebracht. Als ich registrierte, was ich da angestellt hatte, packte mich die schiere Panik und ich beging Fahrerflucht.

Das Einzige, was mich jetzt noch retten konnte war, meiner Meinung nach, dass ich für immer verschwand. Vom Spielen kannte ich den idealen Ort dafür: Auf dem alten Backstubengebäude gab es ja noch den Mehlboden. Der wurde jetzt benutzt, um Verpackungsmaterial zu lagern. Wir machten in den Jahren sehr viele Tortenböden, die eingeblistert und in 10er-Pappkartons verpackt ausgeliefert wurden. Die gingen an Großhändler, die sie dann wiederum an den Lebensmitteleinzelhandel verkauften. Außerdem wurde noch die Verpackung für schlesischen Mohnkuchen auf dem Boden gelagert. Der Boden war bis zur Decke und von vorne bis hinten voll mit Verpackungen. Zwischen den großen Umkartons gab es immer wieder auch kleine Lücken. In einer der ganz hinteren Lücken zwischen den Kartons verkroch ich mich. Meine Strategie war es, so lange versteckt zu bleiben und nicht auf Rufe der Eltern und anderer zu reagieren, bis es dunkel wurde und sie anfingen, sich echte Sorgen zu machen. So könnte ich der Tracht Prügel vielleicht entgehen, wenn ich dann doch wohlbehalten wieder auftauche.

Mehrere Stunden habe ich meine Taktik durchgehalten, bis ich dann reumütig zu meinen Eltern geschlichen bin. Meine Taktik ging auf. Es gab keine Prügel. Allerdings hatten meine Eltern angeblich von Anfang an nicht die Absicht gehabt, mich zu verprügeln. Der Mitarbeiter hat die Abreibung bekommen, weil er einen Elfjährigen mit dem *Bulli* fahren ließ. Die Reparatur wurde glücklicherweise von der Versicherung bezahlt, aber das wusste ich natürlich nicht und war in meiner Panik davon ausgegangen, dass mein Vater die ganzen Kosten tragen müsse.

Diese Aktion war nicht etwa das Ende meiner Autofahrerkarriere ohne Führerschein, sondern der Anfang. Im selben Jahr, oder spätestens im Jahr darauf, hat mir mein Vater gezeigt, wie man mit dem *Mercedes* fährt. Da ich wie gesagt sehr klein war, war das nicht ganz einfach. Den Sitz ganz nach vorne gestellt und dann ganz auf der vorderen Kante sitzend, kam ich gerade so an die Pedale. Zuerst war Vater mit dabei, später habe ich es dann auch alleine versucht, aber immer nur auf dem Hof, bis zur Straße und dann zurück bis zur Garage, kehrtmachen und wieder bis zur Straße.

Später dann, mit 12, 13 Jahren gab es zwischen meinem Vater und mir eine stillschweigende Vereinbarung: Er ließ am Sonntagmorgen den Autoschlüssel in der Küche liegen. Ich stand um fünf Uhr auf, nahm mir den Schlüssel und fuhr mit dem *Mercedes* los. Jetzt war aber nicht mehr an der Straße Schluss, vielmehr fuhr ich unsere Straße rauf bis zu einem Wäldchen Namens *Meierholz*. Das waren ungefähr 700 Meter. Dort machte ich kehrt und fuhr wieder runter, auf den Hof, bis zur Garage, machte kehrt und wieder los. Stundenlang, bis es in den Häusern ein wenig belebter wurde. Dann habe ich Schluss gemacht – bis zum nächsten Sonntag.

Eines Sonntags kam meine kleinere Schwester an und wollte mitfahren. Das mit dem Mitfahren ging aber nur eine Zeit lang gut, dann wollte sie selber fahren. Vermutlich war das von vornherein ihr Plan. Nachdem ich sie nach bestem Wissen eingewiesen hatte, ging es los: bei uns aus dem Hof raus, links ab Richtung *Meierholz*. Geradeaus war kein Problem. Aber oben angekommen, musste sie nach links abbiegen, anhalten, gerade zurücksetzen und dann vorwärts, links einschlagen und die Straße wieder runterfahren. Zu all diesen Manövern kam es aber nicht, weil sie gleich oben, beim Linksabbiegen, in den Graben fuhr. Da standen wir nun. Uns ist nichts passiert, aber der Wagen kam aus eigener Kraft nicht wieder da raus. Also haben wir das Auto abgeschlossen, im Graben liegen gelassen und sind nach Hause getrottet wie die begossenen Pudel.

Ob unser Vater tätig wurde oder ob wir das weitere Vorgehen nach seinen Anweisungen selber regeln mussten, weiß ich nicht mehr, auf jeden Fall gingen wir zurück zur Unfallstelle. Nicht weit davon gab es einen Bauernhof. Wir baten den Bauern, dass er uns mit seinem Trecker aus dem Graben ziehen möge. Er war ein Nebenerwerbsbauer; bis vor ein paar Jahren hat er noch mit zwei Kühen vor dem Pflug seine Felder bearbeitet. Jetzt reparierte er nebenbei Radios und Fernseher und hatte sich einen Trecker zugelegt. Für diesen Sonntag war das Fahren natürlich beendet, aber es kamen ja noch andere. Meine Schwester habe ich allerdings nie wieder fahren lassen.

Meine Karriere als Fahrer ohne Führerschein habe ich als Siebzehnjähriger einmal auf die Spitze getrieben: An einem Samstagmorgen war ein Fahrer nicht zur Arbeit erschienen. Der einzige verfügbare Ersatzmann war ein Bäcker. Der hatte aber bereits nach der Arbeit die ganze Nacht hindurch Bier getrunken. Ich bot mich an, als Beifahrer mitzufahren. Die Tour ging fast bis an den Dümmer See und war insgesamt 90 Kilometer lang. Ich ließ den Bäckergesellen bis über die nächste Kreuzung fahren und bot ihm dann an, für ihn weiterzufahren. Über meine sonntäglichen Ausfahrten wussten die Mitarbeiter natürlich Bescheid. Also wusste er, dass ich über eine gewisse Fahrpraxis verfügte. – Allerdings nicht mit einem 3,5-Tonner-*Hanomag*-Lieferwagen. Es ging aber alles so weit gut, bis ich kurz hinter einer Ortschaft in den Rückspiegel sah und dort, direkt hinter mir, einen Polizeiwagen erblickte. Da brach mir ganz plötzlich der Schweiß aus. Wenn die mich kontrollierten, dann gab es eine Führerscheinsperre für mindestens ein Jahr – und das kurz vor Beginn der Fahrschule. Also zusammenreißen, Verkehrsregeln beachten, die kannte ich ja vom Motorrollerfahren, und cool bleiben. Das war aber nicht ganz einfach, weil die Straßen damals noch in der Mitte hoch und zu den Seiten abfallend waren, was ein wenig Geschick verlangte, um nicht einfach in der Mitte der Fahrbahn zu fahren. Ich konnte sehen, dass der Fahrer des Polizeiwagens mich über meinen Außenspiegel beobachtete. Mir kam es vor, als ob sie zehn Kilometer lang hinter mir her fuhren, aber plötzlich waren sie aus meinem Rückspiegel verschwunden und irgendwo abgebogen. Mir fiel ein unglaublicher Stein vom Herzen und die Auslieferung von Brot und Brötchen konnte ohne unliebsame Unterbrechung fortgesetzt werden. Kurz vor zu Hause habe ich dann den Bäckergesellen, der zwischenzeitlich schon ein kleines Nickerchen machen konnte, wieder fahren lassen.

Als ich kurze Zeit später mit der Fahrschule begann, musste ich nur drei oder vier Mal mit dem Fahrlehrer fahren, dann hat er mich zur Prüfung angemeldet und die habe ich noch vor meinem achtzehnten Geburtstag bestanden. Und die Moral von der Geschichte: Schwarz fahren kann eine Menge Geld sparen.

Irgendwie ist es mir gelungen, beim Schuheinkauf in unserem Dorfschuhladen, meine Mutter zu überreden, mir auch ein Paar *Adidas*-Fußballschuhe zu kaufen. So richtig mit dicken Stollen. Als wir dann nach Hause kamen, verließ uns beide der Mut, sie meinem Vater zu zeigen. Wir haben sie erst einmal versteckt, um auf eine günstige Gelegenheit zu warten.

Die ließ aber auf sich warten. Bis eines Tages mein Vater mit einigen Kunden zusammen war und Alkohol getrunken wurde. Da habe ich meine Mutter gefragt, ob es jetzt günstig wäre. Sie wusste es auch nicht so genau, aber ich wollte nicht länger warten. Also ging ich zu meinem Vater, mit dem Schuhkarton auf dem Arm, und fragte ihn, ob ich die Fußballschuhe behalten dürfe. Ich hatte auf die Zuhörer und die gewisse Leichtigkeit durch den Alkohol spekuliert. Die Sache ging aber voll nach hinten los. Mein Vater befahl mir, mit den Schuhen zu verschwinden. Er würde mir später seine Entscheidung mitteilen. Das geschah dann eine Stunde später. Er ordnete Folgendes an: Die schwarzen Fußballschuhe mit ihren drei weißen Streifen sollten zum örtlichen Schuster gebracht werden. Dieser habe die Stollen unter den Schuhen zu entfernen, eine normale Straßensohle mit Absatz darunter zu machen und ich hätte die Schuhe dann zur Schule anzuziehen. Das war ein harter Schlag. Alle Einsprüche nutzten nichts. Ich kann mich noch genau an das Gesicht von Schuster Vahle erinnern, als ich mit dem Auftrag zu ihm kam, aber er hat dann getan, wie ihm aufgetragen wurde, und ich konnte die Schuhe mit Straßensohle und Absatz drunter ein paar Tage später abholen. Sie sahen einfach nur scheiße aus. Danach habe ich meinem Vater *sein Werk* gezeigt, der hat es hoch gelobt und dann flogen die Schuhe in irgend eine Ecke und ich habe sie nie wieder getragen. Das war die Strafe für meinen Vater.

Mein Vater blieb für mich unberechenbar. Mal bekam ich fünf Mark, um sie beim Dorffest planlos auszugeben, mal goss mir mein Vater auf dem Dorffest ein ganzes Glas Bier ins Gesicht, mal übergoss er mich mit Gefühlsausbrüchen, mal ordnete er völlig unverständliche Dinge an, mal ohrfeigte er mich, dass ich durch den Hausflur flog und eine Schwerhörigkeit davontrug.

Einmal war ich mit ihm in Peine, mit einem *VW Bulli* voller Tortenböden. Als wir die Kartons ausgeladen hatten, lud der Kunde meinen Vater noch auf ein Getränk ein. Daraus wurden dann viele Getränke und später fuhr mein Vater sturzbetrunken mit mir nach Hause – 200 Kilometer Autobahn A2. Auf der Fahrt drückte und herzte er mich immer wieder, was zu heftigen Schlangenlinien führte, bis die Polizei uns anhielt. Dann wurde eine Blutprobe genommen und der Führerschein war weg. Ich glaube, wir mussten mit dem Taxi nach Hause fahren und kamen erst sehr spät in der Nacht dort an. Zu Hause gab es natürlich ebenfalls noch mal Ärger. Der Führerschein blieb ein halbes Jahr beim Straßenverkehrsamt und mein Vater dem Spott der Mitmenschen ausgeliefert. Insgesamt hat mein Vater dreimal den Führerschein wegen Trunkenheit verloren. Beim letzten Mal war er schon deutlich älter und bereits von meiner Mutter geschieden. Die Regeln wegen Trunkenheit am Steuer waren da schon sehr viel strenger. Er hat den Führerschein nur deshalb zurückbekommen, weil ein Nachbar von uns beim Kreistag Vorsitzender des Verkehrsausschusses war und sich darum *gekümmert* hat.

Einmal hatte mein Vater einen sehr schweren Autounfall, bei dem er erheblich verletzt wurde und wochenlang auf einem Bett in unserem Wohn-Büro lag, damit Menschen, die mit ihm sprechen wollten, nicht in unser Schlafzimmer mussten. Da hat er dann auch samstags den Mitarbeitern den Lohn in bar ausbezahlt. Diejenigen Bäcker, die bei uns auch Kost und Logis hatten, gingen dann mit dem Geld gleich in die Kneipe in unserer Nachbarschaft. – Jörgs Mutter hatte dort in ihrem Einfamilienhaus eine Kneipe aufgemacht.

Im Sommer des Jahres 1963 habe ich mir etwas Geld dazuverdienen wollen. Weil es viele meiner Freunde machten, ging ich als Erntehelfer zu einem Bauern in unserem Dorf. Mir wurde gesagt, man könne dabei ganz gut verdienen. Ich stellte mich vor und fragte, ob er jemanden gebrauchen und was man verdienen könne. Wenn ich fleißig wäre, könnte ich 70 Pfennig die Stunde bekommen, meinte er. Da könnten ja durchaus 20 Mark die Woche drin sein, habe ich mir ausgerechnet. Drei Wochen könnte ich es sicher machen, das wären sagenhafte 60 Mark. Also wurde in die Hände gespuckt und reingehauen.

Manchmal war es wirklich hart, da waren wir vom Morgen bis zum Abend auf dem Feld. Die Bauersfrau kam dann und brachte uns Verpflegung. Noch nie hatten mir Butterbrote so lecker geschmeckt. Wenn es mal wieder richtig hart war, dann hielt mich der Gedanke an die 60 Mark auf den Beinen. Außerdem durfte ich hin und wieder ein paar Meter mit dem Trecker fahren, einem alten *Lanz Bulldog*, der einen Riesenlärm machte und beim Anlassen immer Kringel aus dem Auspuffrohr heraus blies.

Als ich meine drei Wochen um hatte, ging ich zum Bauern und legte ihm meinen Arbeitszettel vor. Es waren wirklich 60 Mark geworden, die ich zu bekommen hatte. Der Bauer sah sich den Zettel an und sagte:»Moment mal, du musst die Verpflegung abziehen und außerdem habe ich dich ja immer mit dem Trecker fahren lassen, das musst du auch abziehen.« Ich weiß nicht mehr, um wie viel er mich betrog, aber es war mehr, als ich ertragen konnte. Ich ging nicht mehr hin.

Einige Jahre später machte folgende Geschichte im Dorf die Runde: Der Bauer hatte mit seiner Geliebten mitten auf dem Feld beim Pflügen ein Schäferstündchen eingelegt, währenddessen einen Herzinfarkt erlitten und ist auf dem Feld verstorben. Während ich diese Zeilen schreibe, erhalte ich die Nachricht, dass der Hof gerade komplett abgebrannt ist. Die Feuerwehr konnte nichts von dem Gebäude retten. All die Ereignisse können aber nichts mit mir zu tun haben, denn so heftig habe ich ihn nicht verflucht.

Im Jahr 1963 ereignete sich auch folgende Geschichte: Neben unserer Schule entstand ein Neubaugebiet mit mehreren Ein- und Zweifamilienhäusern. Jemand hatte bemerkt, dass sich auf einer der

Baustellen ein herrenloser Hund herumtrieb und immer wieder von den Bauarbeitern misshandelt wurde. Der Rektor unserer Schule ging durch die Klassen und fragte die Kinder, ob jemand einen kleinen Hund zu Hause aufnehmen könnte. Meine Schwester und ich haben uns aus der Ferne den Hund angeschaut und beschlossen, zu Hause zu fragen. Zu unserer Überraschung bekamen wir die Genehmigung, auch weil unser Schäferhund mit zwölf Jahren verstorben war und seine Hütte leer stand.

Dann kam aber der schwierigste Teil der Sache: Wir mussten den Hund einfangen. Der haute schon ab, wenn sich jemand auf 20 Meter näherte. Als wir ihn dann einmal in seiner Erdmulde vorfanden, näherten wir uns ganz langsam und redeten leise beruhigend auf ihn ein. Er war in die Enge getrieben und antwortete mit bösem Knurren und Zähnezeigen. Ganz langsam gingen wir näher ran. Ein Leckerli hatten wir auch dabei. Aber er knurrte immer heftiger. Er war zwar nur 40 cm lang, aber er zeigte seine Zähne und knurrte, als ob er uns gleich fressen wollte. Wir aber waren entschlossen, ihn zu fangen. Als ich dicht genug dran war, habe ich ihn gegriffen. Zu meiner großen Überraschung fing er jetzt nicht an, mich zu beißen, sondern jämmerlich zu jaulen. Wir haben ihn dann in einen mitgebrachten Karton gesteckt und mit nach Hause genommen. Dort angekommen, kam er in die Hundehütte. Den Zwinger konnte man abschließen, sodass er nicht wieder abhauen konnte.

Das nächste Problem ließ nicht lange auf sich warten: Der Hund verweigerte jegliche Nahrungsaufnahme. Sowohl Wasser, als auch Fressen rührte er nicht an. Da half nur Ruhe und Geduld. Wenn wir einmal vorsichtig eine Hand in seine Richtung ausstreckten, fing er sofort wieder an, herzzerreißend zu heulen. Also setzten wir uns in den Zwinger und sprachen mit ihm, tauchten immer mal wieder einen Finger in die bereitgestellte Milch und versuchten, ihm den

Finger an die Nase zu halten, damit er daran lecken konnte. Mit der Zeit kamen wir seiner Nase näher, ohne dass er gleich losheulte, und irgendwann leckte er daran. Das Eis war zwar gebrochen, aber wir mussten weiter sehr behutsam vorgehen. Am nächsten Tag hat er dann auch etwas gefressen und wir kamen uns langsam näher, aber anfassen durften wir ihn lange noch nicht. Tag für Tag wurde es besser und er fasste ein wenig zutrauen.

Zwischenzeitlich hatten wir entdeckt, dass der Hund eine Hündin war. Jetzt musste auch ein Name her. Aber nichts Gewöhnliches. Zu der Zeit lief im Fernsehen eine Serie Namens *77 Sunset Strip*. Der Held der Serie hatte eine tolle Schmalztolle und hieß *Cooki*. Das war zwar ein Mann, aber egal, so sollte unser Hund heißen, da waren meine Schwester und ich uns einig.

Cooki wurde zutraulicher und erholte sich gut. Wir mussten nach einiger Zeit auch keine Angst mehr haben, dass sie uns weglaufen würde, und so blieb die Zwingertür immer öfter offen und Cooki kam auch mit ins Haus. Da war allerdings schon ein Platzhirsch und der hieß *Bambi*. Zum Glück waren es ein Rüde und eine Hündin, sodass es nicht zum Streit kam. Im Gegenteil. Als Cooki läufig wurde, kam es zu intensiven Vereinigungen.

Da Bambi von uns Kindern eh nichts wissen wollte, spielten wir oft mit Cooki. Ein Spiel hieß: *Ich nehme dir etwas weg, was du sehr gerne hast.* Das konnte ein Knabberknochen, aber auch einfach ein Tuch sein, das in seinem Korb lag. Der Korb stand oben auf dem Treppenabsatz zu unserer Wohnung. Ich setzte mich neben den Korb und kam mit meiner Hand ganz langsam auf den Korb zu gekrabbelt. Sobald Cooki bemerkte, dass das Spiel losging, legte sie sich in Lauerstellung. Je näher meine Hand kam, umso lauter wurde ihr Knurren und Zähnefletschen. Wenn ich dann ihr Spielzeug oder sie selbst berührte, stürzte sie sich auf die Hand und tat so, als ob sie ganz kräftig hineinbeißen würde – aber niemals hat sie tatsächlich zugebissen. Egal wie oft oder mit welchem Spielzeug oder mit Leckerlis wir das Spiel machten, niemals hat sie zugebissen. Mit Bambi hätten wir das Spiel nur ein einziges Mal gemacht und es wäre Blut geflossen.

Cooki konnte auch lächeln. Wenn ich unten an der Treppe stand und zu ihr hoch rief:»Cooki, lach mal«, dann zog sie die Lefzen hoch, zeigte die Zähne und legte den Kopf auf die Seite. Das sah aus, als ob sie lächelte, und ich bin sicher, das war auch so gemeint.

Nun ja, Cooki wurde bald dicker – Bambi hatte ganze Arbeit geleistet. Als die Zeit der Entbindung nahte, brachten wir Cooki wieder in den Zwinger mit der großen Hütte. Dort sollte sie in aller Ruhe ihre Jungen bekommen und die ersten Wochen aufziehen.

Die Jungen konnten erst einmal aus der großen Hütte nicht heraus und für Cooki bauten wir eine kleine Rampe, damit sie leichter rein und raus kam. Die Zwingertür blieb immer offen, sodass Cooki ins Haus konnte, wann immer sie wollte.

Cooki war ein bunter Vogel, mit Weiß, Braun und Schwarz in verschieden großen Flecken. Sie brachte vier kleine Welpen zur Welt und alle waren pechschwarz mit einem kleinen weißen Flecken auf der Brust. Bei der Geburt waren sie nur vier bis fünf Zentimeter groß. Cooki war eine tolle Mutter und versorgte ihre Jungen ausgezeichnet. Zwischen dem Säugen nahm sie sich die Freiheit, ins Haus zu kommen, zu fressen oder sich auch in Ruhe in ihren Korb zu legen.

Wir hatten auch eine Katze. Die wohnte in einem Nebenraum der neuen Backstube. Sie bekam zur gleichen Zeit Junge wie Cooki. Junge Katzen wollten wir aber nicht, also bekam irgend ein Geselle, meistens Werner, der schon seit seinem vierzehnten Lebensjahr bei uns war und auch im Haus wohnte, den Auftrag, die

Katzen *wegzumachen*. Dies geschah meistens dadurch, dass sie gleich am ersten oder zweiten Lebenstag heftig an eine Wand geworfen wurden. So geschah es auch dieses Mal. Die Katzenmutter war sehr verzweifelt, lief herum und rief ihre Jungen. Es half aber nichts, die lagen schon auf dem Misthaufen. Auf ihrer verzweifelten Suche nach ihren Jungen traute sich die Katze sogar in den Hundezwinger, um dort zu suchen – und in die Hundehütte. Dort fand sie kleine Tierbabys, gerade Mal vier Zentimeter groß, die Augen noch geschlossen. Kurzerhand schnappte sie sich das kleinste von den vieren und trug es in ihre Kiste.

Als wir Kinder an dem Tag aus der Schule kamen und wie jeden Tag sofort zur Hütte gingen, um die Kleinen anzuschauen, stellen wir mit großem Schreck fest, dass eines fehlt. Cooki konnte offensichtlich nicht bis vier zählen, weil sie tiefenentspannt dalag und die Übriggebliebenen säugte. Wir fragten überall und suchten nach dem fehlenden Welpen. Dabei kamen wir auch bei der Katzenkiste vorbei und trauten unseren Augen nicht. Dort lag die Katze ebenso tiefenentspannt und säugte den kleinen Hund. Wir waren überzeugt, dass das so nicht gehen konnte. Eine Katze hat viel kleinere Zitzen als ein kleiner Hund. Außerdem wussten wir nicht, ob Katzenmilch die richtige Nahrung für einen Hund ist.

Also nahmen wir den kleinen Hund und brachten ihn zurück in die Hütte. Damit war die Welt für uns wieder in Ordnung. – Nicht aber für die Katze. Sie wartete nur darauf, dass Cooki ihre Hütte verließ, und schon holte sie sich genau den gleichen Welpen wieder und brachte ihn in ihre Kiste. Als wir die Fehlmenge bemerkten, brauchten wir natürlich nicht mehr so lange, um den Kleinen zu finden.

Ich weiß nicht mehr, wie oft wir den Hund zurück in den Zwinger brachten. Jedes Mal holte die Katze ihn wieder raus. Dann haben die Erwachsen gesagt, wir beobachten jetzt, mal wie sich der kleine Hund entwickelt und wenn die Katze ihn ausreichend ernähren kann, dann soll sie ihn doch behalten. Und so geschah es.

Der Hund wurde groß und rund und machte einen sehr zufriedenen Eindruck bei seiner Adoptivmutter. Wir beobachteten das Ganze etwa zehn Wochen lang. Die Hundebabys wurden größer und selbstständiger und mein Vater hatte schon einige Interessenten, die die Hunde für 30 Mark kaufen wollten.

Den Welpen, den die Katze gesäugt hatte, nahmen wir ins Haus. Das wurde meiner. Sein Name war *Schippy*. Er war ja von Anfang an der Kleinste und blieb es auch. Er hatte ein wunderbares Wesen und war sehr gelehrig. Wenn ich morgens aufstehen musste, dann hat meine Mutter mir den Hund zum Wecken ins Bett geworfen. Er tobte dann wie ein wild gewordener Handfeger über und durch mein Bett, leckte mir übers Gesicht und biss mir in die Nase. Das ging so lange, bis meine Mutter zum dritten Mal reinkam und sagte: »Jetzt ist aber endgültig Schluss.« Dann legte ich den Mini-Hund, er war jetzt vielleicht 17 oder 18 Zentimeter groß, mit seinem Kopf auf mein Kopfkissen und deckte ihn mit dem Oberbett zu. Dort lag er dann und schlief, bis meine Mutter zum Bettenmachen kam und ihn rausschickte. Alle Welpen waren schon verkauft, bis auf meinen. Das war auch gut so, denn nie fuhr ich lieber von der Schule nach Hause, als mit der Vorfreude, mit Schippy zu spielen.

Aber eines Mittags kam ich nach Hause und wurde nicht von Schippy begrüßt. Ich fragte meine Mutter und die sagte mir: »Den hat dein Vater verkauft.« Ich dachte, mir fällt der Himmel auf den Kopf. Einen solchen Schmerz und ein solches Unglück hatte ich noch nie erlebt. Ich weinte stundenlang bitterlich. Heute weiß ich, dass mein Vater damals für lächerliche 30 Mark meine Seele verkauft hat. Ich glaube, dass ich Jahre brauchte, um darüber hinwegzukommen. Es schmerzt bis heute. Übrigens hat keiner der Welpen bei den neuen Besitzern das erste Jahr überlebt. Durch Rattengift, Autos oder sonstige Unfälle kamen alle vier ums Leben.

Mein Vater und Tiere war sowieso ein ganz besonderer Fall. Fangen wir mit Ester, unserer Schäferhündin an. Mein Vater hat sie gekauft und offiziell meiner großen Schwester geschenkt. Solange die noch bei uns wohnte, wurde der Hund gut versorgt. Als sie mit 18 Jahren wegzog, begann für den Hund eine schlechte Zeit. Ab da wurde sie sehr vernachlässigt. Da war sie ja erst vier Jahre alt. Die restlichen acht Jahre ihres Lebens war sie mehr eingesperrt als alles andere. Wenn es die Bäcker nicht gegeben hätte, hätte es noch schlechter für sie ausgesehen. Mein Vater hat keinerlei Verantwortung für sie übernommen.

Dann hat er sich Bambi gekauft, da lebte Ester aber noch. Bambi war völlig auf ihn fixiert. Aber den Hund versorgen mussten andere. Der Hund folgte Vater auf Schritt und Tritt und biss jeden, der Vater zu nahe kam. Auch uns Kinder. Als er etwa fünf Jahre alt war, bekam er Blasensteine. Mein Vater ignorierte die eindeutigen Anzeichen lange. Der Hund litt höllische Schmerzen, bis mein Vater ihn endlich, nach vielen Aufforderungen, zum Tierarzt brachte. Der legte ihm sofort einen Katheter, um den Urin abzulassen. Sie brachten den Hund noch nach Hannover in die tiermedizinische Uniklinik. Dort verstarb er an Blutvergiftung. Mein Vater unterstellte den behandelnden Tierärzten, dass sie auf so einen kleinen Hund nur gewartet hätten, um ihn aufschneiden zu können. Dass er die Verantwortung für das Leid des Tieres hatte, dieser Gedanke kam ihm nicht in den Sinn. Zumindest hat er ihn sehr erfolgreich verdrängt.

Diese Verdrehung von Sachverhalten oder auch kausalen Zusammenhängen, war typisch für meinen Vater. Sonst hätte er auch niemals meine Mutter der Lüge bezichtigen können, denn meine Mutter konnte nicht lügen. Das wusste er ganz genau. Allein schon, sie der Lüge zu bezichtigen, kränkte sie zutiefst.

Da gab es zum Beispiel einmal ein Gespräch zwischen meinem Vater und mir. Darin wies er mich darauf hin, wie sehr er sich doch um seine Schweine kümmere. Man schaut ständig, wie es ihnen geht, ob die Verdauung in Ordnung ist, ob sie sich nicht zu sehr verletzen, zum Beispiel die Schwänze abbeißen und so weiter. Er sorgte sich also um sie – bis man sie zum Schlachter gab. Dass der Grund seiner Sorge nichts mit dem Tierwohl, sondern ausschließlich mit seinen finanziellen Interessen beim Verkauf der Tiere zu tun hatte, blendete er völlig aus. Für ihn stand fest, dass er sich um die Tiere sorgte. Tatsächlich sorgte er sich aber um sein Geld, denn nur für lebende Tiere bezahlte der Händler.

Zum Thema Schweine will ich hier noch eine kleine Geschichte einfügen: Neben dem bebauten Grundstück hatte mein Vater auch noch ein angrenzendes Grundstück gekauft. Das war das, was man eine *feuchte Wiese* nennt. Als ich noch sehr klein war, war dort ein Teich. Im Winter wurde der immer größer, bis die ganze Wiese unter Wasser stand. Oft fror dann alles zu und es war eine tolle Schlittschuhbahn. Im Laufe der Zeit verlandete die Wiese immer mehr, bis nur noch Morast übrig blieb. Die Wiese hatte eine Verbindung zum großen Schweinestall und so wurden im Sommer die Schweine auf die Wiese gelassen. Die legten sich dann alle gemeinsam, Schwein an Schwein, in den Morast. Sie lagen dann meistens direkt neben dem Elektrozaun. Da ich in der Schule etwas über elektrische Energie gelernt hatte, machte ich nun ein Experiment. Mit einem Stückchen Draht näherte ich mich den Schweinen vorsichtig an. Sie sollten auf jeden Fall liegen bleiben. Dann legte ich den Draht ganz vorsichtig auf das nächstliegende Schwein und ließ dann das andere Ende auf den Elektrozaun fallen. Um meine Studien zu vervollständigen, musste ich nur noch genau beobachten, was nun geschah. Das Geschehen entwickelte sich langsamer, als ich gedacht hatte. Die erste Reaktion kam von dem Schwein mit dem Draht auf dem Bauch, aber deutlich verhaltener als gedacht. Es zuckte kurz und machte *Ruff*. Beim nächsten Stromschlag zuckten schon zwei oder drei und machten *Ruff*, aber keines machte Anstalten, die gemütliche Sule zu verlassen. Das ändert sich erst, als das Zucken durch die ganze Horde von 15 Schweinen ging. Mein Frontschwein sprang dann auch bald auf und der Spaß war vorbei. Aber ich konnte meinem Lehrer bestätigen, dass Wasser leitet. Zur Sicherheit habe ich das Experiment an anderen Tagen noch einige Male wiederholt.

Ein Spruch meines Vaters, der mir in dem Zusammenhang gerade einfällt, war folgender: *Wer Schaden hat, der hat auch Sünde.* Als er mir das sagte, war ich von so viel Einsicht seinerseits völlig überrascht. Aber seine Definition hat mich dann noch mehr überrascht: Er meinte damit, wenn jemand einen Schaden finanzieller Art oder wie auch immer habe, dann suche er bei einem andern nach der Schuld daran. Und das sei die Sünde. Der Spruch meint aber ganz sicher, dass der, der einen Schaden hat, ein Sünder ist. Dadurch, dass er den Sinn einfach ausgetauscht hat, konnte er den Spruch jetzt locker benutzen und ich blieb überrascht zurück.

Machen wir kurz weiter mit Tieren, die sich mein Vater anschaffte, zum Beispiel Sora, ein Pferd. Dieses Pferd brach regelmäßig seinen Weidenzaun durch und haute ab, damit es etwas Bewegung hatte. Sora stand nur auf der Wiese, Tag ein, Tag aus, und wurde mit Brot dick und fett gefüttert, ohne dass sie sich bewegen konnte. Nach ein paar Jahren kam sie zum Pferdemetzger, weil sie sich die Schultern durchgestanden hatte und gar nicht mehr gehen konnte.

Oder die Heidschnucken. Vier Ricken und ein Bock. Die kamen auf die Wiese, die Sora geräumt hatte. Jedes Jahr bekamen sie Lämmer. Oft brachte ein Muttertier zwei Lämmer zur Welt, akzeptierte aber nur eines, um es zu säugen. Jedes Jahr dasselbe Theater. In einigen Fällen half meine kleinere Schwester und zog mehrere Lämmer mit der Flasche auf. Meistens aber hing ich an der Sache, weil sich niemand darum kümmerte. Alle Versuche, das Muttertier doch dazu zu bringen, beide Lämmer zu säugen, schlugen fehl. Immer. Das kleine Unglückslamm wurde von seiner Mutter nicht selten zu Tode getrampelt, wenn man nicht eingriff. Der Eingriff sah dann so aus, dass ich es mit einer dicken Dachlatte erschlagen habe, bevor es verhungerte oder qualvoll von der Mutter umgebracht wurde. Von dem Besitzer der Tiere, meinem Vater, keine Spur. Als mein Vater dann in sein Haus in einem anderen Stadtteil umzog und die Schafe daließ, habe ich sie einem Schlachter überlassen. All dies geschah natürlich im fortgeschrittenen Erwachsenenalter.

Als Zwölfjähriger ging ich eine Zeit lang zum Voltigieren. Das war toll und machte mir viel Spaß. Im Galopp auf das Pferd springen, über das Hinterteil absteigen und auf dem Pferd stehen habe ich sehr schnell gelernt. Wohl auch, weil wir so eine schicke Trainerin hatten. Alles machte mir Spaß, das Putzen der Pferde genauso wie das Voltigieren. Aber um dorthin zu kommen, musste ich acht Kilometer mit dem Fahrrad fahren. Im Winter gab ich dann auf. Fünfzehn Jahre später dachte ich, dass ich meine Trainerin wieder getroffen hätte, aber es war ihre unverheiratete Zwillingsschwester.

Die intensivste Erinnerung aus dem Jahr 1964 betrifft Handball: Ich durfte im CVJM spielen; der örtliche normale Verein wurde mir von meinem Vater verboten, mit dem Argument: »Die die saufen nur.« Im CVJM-Handball fühlte ich mich aber sehr wohl, denn alle meine Schulfreunde waren auch dort.

Wir hatten zwei tolle Trainer: Norbert und Norbert. Der eine erst 18, der andere schon 23. Ihr wichtigster Trainingsansatz war: faires Spiel und Kondition. Von ihnen habe ich gelernt, dass es nicht nur ums Gewinnen geht, sondern darum, dass man fair gewinnt. Im Handballspiel wurde ich so gut, das ich als Siebtklässler bei den Achtklässlern mitspielen durfte, im Bundesjugendspiel-Turnier. Und das als Kleinster meiner Klasse.

Allmählich neigt sich meine Schulkarriere tatsächlich dem Ende zu. Mit 13 Jahren wusste ich alles, was es für Volksschüler zu vermitteln gab, und ging von der Schule ab, mit dem besten Zeugnis aller Jahre. Und ich war froh, dass die Schule für mich zu Ende war. Andere, wie unser Pastor, wollten meine Eltern schon früh davon überzeugen, mich zum Gymnasium zu schicken, aber meine Mutter sagte: »Wozu, der Junge wird doch Bäcker. Da braucht er kein Gymnasium.« Für mich war das so in Ordnung, auf einem Gymnasium hätte ich mich ja anstrengen müssen. Also begann für mich am 1. April 1965 die Bäckerlehre.

Mein Vater hatte für mich eine Lehrstelle in unserer Kreisstadt ausgesucht. Als ich die Lehre dort begann, war mein Lehrmeister 26 Jahre alt. Sein Vater war plötzlich verstorben und er musste den Betrieb übernehmen. Wie es zu der Zeit üblich war, wohnte ich auch im Haus meines Lehrmeisters. Dazu bekam ich ein Zimmerchen unterm Dach zugewiesen; es war knapp sechs Quadratmeter groß, die Hälfte davon Dachschräge. Es gab ein Fenster, so groß wie eine aufgeklappte Illustrierte. Dass es nicht größer war, war nicht so schlimm, weil es auf die gegenüberliegende Außenwand des Nachbarhauses zeigte, die war nur einen Meter weit weg. Sonne oder Aussicht gab es also nicht. Im Zimmer befanden sich ein Bett, ein Nachtschränkchen und ein Schrank. Der Schrank war klein genug, um die Tür noch öffnen zu können, aber ich musste ja auch so gut wie nichts reintun, denn am Samstagmittag wurde ich immer von meinem Vater abgeholt und Sonntagabend wieder hingebracht.

Um in mein Zimmer zu gelangen, musste ich durch das vorgelagerte Zimmer eines Gesellen gehen, der auch dort wohnte. Intimsphäre war also Mangelware. Außerdem war dieser Bäckergeselle noch dazu ein äußerst unangenehmer Zeitgenosse. Er blieb allerdings auch nicht sehr lange bei meinem Lehrmeister. Im Haus befand sich auch eine Kneipe. Diese war verpachtet an die Eltern von Hans. Er war etwas älter als ich, aber nicht viel. Im Laufe der Zeit bemerkte ich, dass zwischen Hans und diesem Bäckergesellen eine seltsame Verbindung bestand. Hans ließ sich von ihm Dinge verbieten, bei denen ich das Verbot überhaupt nicht nachvollziehen konnte, zum Beispiel mit mir zusammen auf die Kirmes zu gehen. Es gab auch noch weitere Kontaktbeschränkungen zu mir. Ich brauchte eine ganze Zeit, um dahinterzukommen. Eines Tages kam dieser Geselle in mein Zimmer und meinte, dass ich doch sicher in meinem Alter etwas über Sex wissen wolle. Natürlich wollte ich das. Dann sollte ich doch mal ganz kurz sein Ding anfassen, das er prompt aus der Hose holte, dann könnte er mir das besser erklären. – Ich stand schon wieder vor dem Tresen, beim *Rosenbilder* kaufen. Ich packte sein Ding an und schon hatte ich die Finger voll mit klebrigem Glibber. Aber das passierte mir nur dieses eine Mal. Ich sprach später mit Hans über diesen Vorfall und er sagte mir, dass er das mit ihm schon die ganze Zeit so machte. Kurze Zeit später wechselte der Geselle die Arbeitsstelle. Ein Grund ist mir nicht bekannt. Für Hans und mich ergab sich nun eine entspannte Freundschaft, ohne unseren Peiniger. Der Vertrag der Gaststätte wurde aber nicht verlängert, weil mein Lehrmeister an der Stelle ein Café plante. Hans zog mit seinen Eltern also weg und wir verloren uns für den Rest unseres Lebens aus den Augen. Ein späterer Versuch einer Kontaktaufnahme scheiterte aus mir nicht bekannten Gründen.

Der Geselle musste aber ersetzt werden, denn Arbeit gab es reichlich. Sein Nachfolger wollte mir zwar nicht an die Wäsche, aber arbeitsmäßig war der Neue keine Verbesserung für mich. Der Mann hatte schon eine eigene Familie und machte nur Dienst nach Vorschrift. Wenn seine Arbeitszeit abgelaufen war, machte er die Schürze ab und ging nach Hause, völlig gleichgültig gegenüber dem, was an diesem Tag noch zu erledigen war. Wozu hat man schließlich Lehrlinge? Für mich bedeutete das, dass ich nun statt um 15 Uhr erst um 16 Uhr oder später Feierabend hatte. Am Beginn der Lehrzeit musste ich um 5.30 Uhr beginnen, später dann um 4.30 Uhr und ab Mitte des zweiten Lehrjahres um 4 Uhr. Da war ich 15 Jahre alt. Natürlich war das auch damals nicht erlaubt, aber wenn keiner klagt, brauch niemand richten.

Mein erster Arbeitstag verlief wie bei allen Lehrlingen zu dieser Zeit: Ich wurde veräppelt. Im Laufe des Vormittags wurde ich zum Obermeister unserer Innung geschickt. Der hatte seine Bäckerei vier Häuser neben uns, in der gleichen Straße. Mein Auftrag lautete, ich solle von dort die *Korinthenflinte* holen. Kam mir komisch vor, aber man konnte ja nicht wissen, ob in anderen Bäckereien in der Stadt anders gearbeitet wurde als bei uns. Also ging ich rüber. Das Gemurmel und Gekicher kam mir schon etwas seltsam vor. Als dann der Obermeister mit einem Jutesack, in dem offensichtlich Steine waren, wiederkam, war der Fall für mich klar. Ich habe den Sack dagelassen und meinem Lehrmeister gesagt, sie könnten die Korinthenflinte gerade nicht ausleihen.

Natürlich wurde in der Lehre auch vor und nach der Berufsschule gearbeitet. Außerdem nutzte mein Chef meine Liebe zu seiner Boxerhündin Ypsi aus. Da musste immer mal wieder ekelhaftes Fleisch, das er im Schlachthof holte, durch einen Fleischwolf gedreht werden. Das Zeug stank bestialisch. Für die Hunde – er hatte die meiste Zeit drei Boxer – wurden dann Haferflocken daruntergemischt und verfüttert. Ich ging in meiner freien Zeit mit Ypsi spazieren und nahm sie ab und zu auch am Wochenende mit nach Hause. Dann schlief sie mit in meinem Bett und keiner durfte sich in mein Zimmer trauen.

Mein Lehrmeister war leider ein Charakterkrüppel. Wenn ich Hundefleisch schneiden sollte, dann hieß es: »Prinz, kannste mal machen.« Wenn ich vergaß, abends um acht das Schwarzbrot aus dem Ofen zu holen, hat er mich geohrfeigt. Das kannte ich zwar noch von meiner Lieblingslehrerin, war jetzt aber schon etwas her, und er tat es, als alle meine damaligen Freunde von der großen *Carrerabahn* zuschauten. Die fragten nachher: »War das dein großer Bruder?« Nein, es war mein Lehrmeister. »Das lässt du dir gefallen?« Tja, es war eines der letzten Male, das ich mir das gefallen ließ. Zu einer späteren Gelegenheit, ich war schon 16 Jahre alt, hat mir unser Konditormeister Schläge angedroht. Dem habe ich gesagt: »Mach keinen Fehler, ich schlage zurück.« Damit war dieses Problem ein für alle Mal aus der Welt.

Außer Prügel auszuteilen, wenn es ihm passte, nutzte mich mein Lehrmeister beruflich schamlos aus. Zu dem Schwarzbrot, das abends aus dem Ofen geholt werden musste, ist noch Folgendes zu sagen: Das Brot wurde mittags als Letztes gemacht. 2,5 kg Vollkornteig wurden abgewogen und immer drei Brote von dem Gewicht in einen bleischweren Kasten gelegt, zusätzlich noch Wasser in seine Doppelwand gefüllt. Ein Deckel kam auch noch darauf. Das ganze wog dann schätzungsweise knappe 15 kg. Diese Kästen wurden dann in den Obersten von drei Herden in den Ofen geschoben. Der Ofen hatte im obersten Herd noch 150 Grad mit weiter abfallender Hitze. Nach sechs bis acht Stunden konnte das Brot aus dem Ofen geholt werden. Auf eine Stunde mehr oder wenig kam es nicht an, denn der Ofen hatte dann nur noch 80–90 Grad und das Brot buk in feuchter Umgebung vor sich hin. Aber mein Lehrmeister wollte zum Schützenfest, also musste der Lehrling das Brot aus dem Ofen holen, obwohl er auch eine Verabredung hatte. Ganz einfach war das für mich nicht. Ich kam an den oberen Herd nur heran, wenn ich einen Tisch vor den Ofen schob und noch etwas zur Erhöhung draufstellte, eine Fußbank zum Beispiel. Und es blieb ein gewisser Abstand zum Ofen. Er hatte unten ein Gestänge davor, damit man nicht mit irgendwelchen Maschinen oder Geräten dagegen fahren konnte. Also schwebte ich halbwegs, um die Kästen in 2,20 m Höhe da herauszubekommen. Meistens nahm ich vorab den Deckel ab, um schon mal Gewicht einzusparen. Da ich an besagtem Abend mit meinen Freunden zu einem Rennen auf der großen öffentlichen *Carrerabahn* mit den Elektroflitzern verabredet war und einiges reparieren musste, habe ich die Zeit vergessen. Als mein Chef aus der Schützenkneipe kam, bemerkte er meinen Fehler und kam die zwei Kilometer zur *Carrerabahn* angefahren, um mich zu ohrfeigen.

Die schlimmste Zeit waren die Wochen vor Weihnachten. Dann hieß ich wieder *Prinz* und durfte bis abends mit ihm zusammen

Pralinen machen. Dafür gab es Weihnachten dann einen Frotteebademantel oder so. Anderseits habe ich mir dabei einiges abgeschaut, was ich später ganz prima verwenden konnte.

Als ich im dritten Lehrjahr 16 wurde, wollte ich ein Moped haben, am liebsten eine *Kreidler* mit 50 ccm für Führerscheinklasse 4. Damit konnte man 80 km/h fahren. Als ich meinen Vater darum bat, bekam ich ein klares Nein, ein Moped sei viel zu gefährlich. Da kam mir meine kleinere Schwester zu Hilfe. Die war zu der Zeit in einem Internat und machte eine weitere schulische Ausbildung. Jetzt sahen wir uns nur noch ab und zu am Wochenende und das führte dazu, dass wir uns prima verstanden. Sie führte meine verbesserte Mobilität als Argument an, wenn ich über ein motorisiertes Gefährt verfügen würde. Ich hatte zwar ein wunderbares Rennrad, das ich mir von meinem Konfirmationsgeld gekauft hatte, nachdem mein anderes Fahrrad beim ersten Kirmesbesuch in der Lehrzeit geklaut worden war, aber immer die zwölf Kilometer, mit dem Rad nach der Arbeit ... dazu hatte ich keine Lust. Ich wollte aber nicht mehr in dem Kabuff wohnen und auch zwischendurch mal nach Hause fahren.

Moped war aber nicht. Also erkundigte ich mich, was denn sonst mit 16 Jahren als Motorisierung möglich war. Da gab es von *Zündapp* einen Motorroller mit 50 ccm. Ich besorgte einen Prospekt und zeigte ihn meiner Schwester. Die ging damit zu meinem Vater und bezirzte ihn so lange, bis er einwilligte, ihn mir zu kaufen. Damit begann für mich eine ganz neue Freiheit.

Der Roller war natürlich nur ein Kompromiss, aber einer, mit dem ich wunderbar leben konnte. Alle meine anderen Freunde hatten natürlich ein Moped, ich war weit und breit der Einzige, der einen Roller hatte. Um diese weichgespülte Variante des Mopedfahrens etwas aufzumotzen, klebte ich ein paar schlimme Abziehbilder vorne an die Beinverkleidung. Die Jungs mit ihren Mopeds Klasse 4, waren immer mindestens 5 km/h schneller als ich, aber es gab auch noch einige in unserer Clique, die hatte nur Klasse 5 – denen konnte ich problemlos davonfahren.

Ich wurde trotz meines Roller-Handicaps akzeptiert und durchaus einer der Wortführer in unserer Clique. Wir trafen uns praktisch an jedem Tag, ganz ohne Handy, immer an einer Mauer an der Hauptstraße durch unsere Nachbargemeinde. Wenn alle Zeit hatten, dann konnten das im Laufe eines Nachmittags durchaus mal 20 junge Männer sein, die sich dort trafen. Von den Anwohnern wurden wir kritisch beäugt, aber nie ernsthaft vertrieben. Und dann kamen nach und nach auch noch einige Mädels dazu.

Zu der Mopedzeit erzähle ich später noch mehr.

Eine kleine Begebenheit aus der Anfangszeit meiner Bäckerlehre ist mir intensiv in Erinnerung geblieben: Wir machten dort einen wunderbaren Apfelkuchen mit Hefeteigboden, darauf kam eine dicke Schicht Äpfel, die vorher in einem großen Topf vorgedünstet wurden, mit etwas Zucker und etwas Saftbinder, und obenauf kam ein Mürbeteigboden. Das Blech war 60x40 cm groß und 5 cm hoch. Dann wog das ganze etwa 5 kg. Samstagnacht war immer große Enge in der Backstube, weil viele Dinge gleichzeitig gemacht werden mussten. Die Brötchen brauchten sehr viel Platz, alle Tische und Stikken standen voll, als der Wecker klingelte, um den Apfelkuchen aus dem Ofen zu ziehen. Ich ging hin, um das eben zu erledigen. Als ich den heißen Apfelkuchen auf dem Arm hatte und einen Platz zum Wegstellen suchte, bemerkte ich, dass das Blech an einer Ecke ein Loch hatte. Aus diesem Loch tropfte kochender Apfelsaft auf meinen nackten Arm. Denn Topflappen hatte ich ja nur für die Hände. Mein Lehrmeister sah meine Not und schrie: »Lässt du ihn fallen, dann gibts was auf die Fresse!« Das war eine klare Ansage. Also rannte ich nach draußen auf den Flur, um den Kuchen auf dem Fußboden abzustellen. Als ich ihn endlich los war, konnte ich mir den Saft samt Haut vom Arm abziehen. Statt einem *gut gemacht*, gab es für die Aktion nur lautes Gelächter von allen Mitarbeitern. Bis heute sieht man die Narbe an meinem Arm.

Im Haushalt meines Lehrmeisters gab es ein Hausmädchen. Die war schon bei seinem Vater da gewesen und auch nicht mehr so richtig ein Mädchen. Ich vermute, sie war hoch in den Vierzigern. Sie hieß Ella. Wie ich später erfuhr, hatte Ella schon einige Lehrlinge vor mir um den Schlaf gebracht. Das lag wohl daran, dass man von Ella alles haben konnte. Wenn man Hunger hatte, machte Ella was zu Essen. Wenn man einen Kaffee wollte, kochte Ella ihn. Die Äpfel für den Apfelkuchen holte man auch bei Ella ab. – Alles bekam man von Ella. Sie war verheiratet, ihr Mann ein stadtbekannter Säufer. Ella hatte eine atemberaubende Oberweite, damit kokettierte sie heftig herum. Ich war zwar nur ein Knirps, aber auch bei mir tat sie das. Das weckte in mir die Hoffnung, die Dinger einmal genauer zu sehen zu bekommen. Aber ich war ihr wohl doch zu jung. Außer einige Male die Chance, die Festigkeit ihrer großen Brüste zu überprüfen, ist es zu keinen weiteren Handlungen gekommen. Ein Lehrling, der zwei Jahre vor mir dort in der Lehre und schon 18 war, als er dort anfing, erzählte mir von weitreichenderen Erfahrungen mit Ella. Auf jeden Fall war sie der Traum meiner pubertierenden Nächte.

Es gab auch andere weibliche Wesen, für die ich mich interessierte. Aber ich war den Mädchen, die genau so alt waren wie ich, einfach nicht gewachsen. Eine in der Berufsschule zum Beispiel nahm mich einfach nicht zur Kenntnis. Es gab Mädchen, die ich als *Freundin* bezeichnet habe, mit einer wurde mir sogar Geschlechtsverkehr angedichtet, aber das stimmte nicht. Okay, ich bin nach dem Freibad mit ihr nach Hause gefahren und wir haben uns einige Zeit zusammen in einem Kornfeld aufgehalten, aber Geschlechtsverkehr hat da nicht stattgefunden. Ein frühes Petting vielleicht.

Ich hatte in der Lehre einen Freund, Hartmut. Ein Lehrling aus einem Nachbarbetrieb. Der war ein Jahr weiter als ich mit der Ausbildung. Dadurch, dass alle drei Lehr-Jahrgänge in derselben Berufsschulklasse unterrichtet wurden, haben wir uns dort kennengelernt, obwohl die Betriebe keine 50 Meter Luftlinie auseinanderlagen. Mit Hartmut habe ich mir im *Capitol*-Kino *Das Schweigen* angeschaut. Ich war zwar erst 14 und der Film ab 18, aber wir saßen oben direkt unter dem Projektor, weil Hartmut den Filmvorführer kannte. In einer Szene gab es die wunderschönen Brüste der Hauptdarstellerin in Großaufnahme zu sehen. Hartmut sagte dazu: »Das sind ja tolle Spiegeleier.« Ich fragte ihn natürlich, warum das *Spiegeleier* seien, aber er sagte nur, das verstünde ich noch nicht. Ich habe sehr lange darüber nach gegrübelt. Ich habe den Film als Erwachsener später noch einmal gesehen. Warum das *Spieleier* sein sollen, hat sich mir auch da nicht erschlossen.

Mit Hartmut bin ich später auch mal in einen Beat-Schuppen gegangen. Ich glaube, *The Who* traten dort auf. Aber die Sache mit der Musik jener Zeit ist leider völlig an mir vorbeigegangen. Hartmut hat dann ziemlich rumgekifft und wir sahen uns immer seltener.

In unserer Berufsschulklasse hatten wir auch einen Mitschüler aus der Justizvollzugsanstalt. Der musste dort vier Jahre Jugendstrafe absitzen und durfte in der Zeit eine Ausbildung machen. Ein sehr cleveres Bürschchen. Als er uns erzählte, weswegen er einsaß, waren wir völlig überrascht: Er hatte mit ein paar Freunden einen homosexuellen Mann ausspioniert. Einer aus der Gruppe hat sich ihm als Sexpartner angeboten und dann haben sie gesagt, der sei noch minderjährig und haben ihn erpresst. Der Mann hat aber die Erpressung zur Anzeige gebracht und so gingen alle in den Knast. Zu der Zeit gab es den Paragrafen 175 noch und aus dem Grund hießen Homosexuelle *175er*. Der aus dem Knast hat übrigens seine Lehre mit der Heirat der Tochter seines Lehrmeisters gekrönt. Das war die, die von mir nichts wissen wollte.

Die Berufsschule war der Härtefall. Nicht nur, dass alle drei Lehrjahre der Bäcker in derselben Klasse unterrichtet wurden, auch alle drei Jahrgänge der Bäckereifachverkäuferinnen waren dabei. Und als ob das nicht schon schlimm genug gewesen wäre, gab es auch keinen Lehrer. Der fehlende Lehrer wurde durch einen alten Bäckermeister ersetzt. Der hatte aus dem Krieg eine fünf Zentimeter durchmessende Delle im Kopf. Der Mann war sehr nett, aber niemand nahm ihn ernst, also gingen wir ab der großen Pause zu *Martinelli* in die Eisdiele. Das Ergebnis war, dass ich bei der theoretischen Prüfung überhaupt nicht wusste, was die Prüfer von mir wollten. Und das, obwohl besagter Onkel Adolf, der nicht mein richtiger Onkel war, mein Prüfer war. Es reichte gerade so für eine Drei. Ich konnte aber auch einfach nicht glauben, dass er mich in der mündlichen Prüfung das fragte, was er mich fragte. Zum Beispiel, ob ich wüsste, was ein *Spritzbeutel* sei. Hinter so einer Frage muss man doch eine Falle erwarten. Aber er meinte es ernst und ich stotterte herum wie einer, der keine Ahnung hat.

Meine praktische Prüfung lief deutlich besser. Zuerst musste ich meinen Prüfungsmeister wecken. Der war wohl noch besoffen.

Seine Frau warf mir einen Schlüssel aus dem Fenster und sagte, ich solle schon mal anfangen. Als ich in die Backstube kam, wusste ich, was sie meinte: Der gesamte Fußboden war voller toter Kakerlaken. Ich fegte alle zusammen, zu mehreren großen Haufen, obwohl die Backstube keine 30 qm groß war. Der Ungezieferbefall lag daran, dass es sich um ein altes Fachwerkhaus handelte, das zum Teil noch verputzte Strohwände hatte. Kurze Zeit nach meiner Prüfung wurde es abgerissen. Meine Prüfungsarbeit lief gut und obwohl ich meine fertige Torte kurz vor der Bewertung noch mit dem Brotschieberstiel aufgespießt habe, gab es eine Glatte Eins.

Nach Abschluss meiner Lehre ging ich in den elterlichen Betrieb, damit wurde mein Leben aber nicht leichter. Das lag im Wesentlichen an den Eheproblemen meiner Eltern und den Alkoholexzessen meines Vaters. Dazu später mehr. Jetzt machen wir erst einmal eine kurze Zusammenfassung der zwei Jahre mit meinem Motorroller.

Der Roller war weiß, hatte eine Sitzbank für zwei Personen und ein Ersatzrad auf dem Gepäckträger. Unter der Sitzbank war ein verschließbares Fach für allerlei Kram: Ersatzzündkerzen, Schraubendreher, Putzzeug und so weiter. Der Motor hatte 50 ccm Hubraum und 4,8 PS mit Viergang-Fußschaltung und lief 80 km/h. Damit war ich bei den Mopeds der Klasse 4, der Langsamste. Die anderen hatten *Kreidler-, Herkules-* oder *Zündapp*-Mopeds, die 85 oder sogar knapp 90 km/h schafften. – Jedenfalls auf dem Tacho. Wie viel es wirklich war, das wussten wir nicht, aber bei Vergleichsrennen wurde ich immer klar abgehängt.

Es gab auch einige Exoten bei den Mopeds. Erste Abstufung nach mir waren Mopeds der Klasse 5. Die hatten ein kleines Nummernschild und durften eigentlich nur 45 km/h fahren. Alle, die ich kannte, fuhren aber mindestens 65 km/h. Dann gab es einen, der hatte zwar eine Klasse 4, aber bei Neckermann gekauft. Das Moped hieß *Garelli*. Der hatte es schwer, bei uns akzeptiert zu werden. Er kam auch nur selten. Jochen war der Erste, der mit einer *Honda* ankam. *Honda* war zu der Zeit überhaupt kein Begriff in Deutschland, aber die *Honda* hatte schon eine Besonderheit: einen elektrischen Starter. Wir anderen mussten unsere Maschinen noch mit dem Kickstarter antreten, Jochen hingegen drehte nur den Schlüssel um. Aber dafür war seine *Honda* sehr lahm und kriegte keine Schnitte – nicht mal gegen mich.

Um dem Image des biederen Rollers entgegenzuwirken, habe ich wie gesagt ein paar *böse Abziehbilder* auf die Schutzbleche geklebt: Totenköpfe und den Skorpion der Tuningfirma *Abbart*. Das Wichtigste aber war der Sound. Zu diesem Zweck habe ich den Luftfilter abmontiert. Das war bei mir gut zu machen, da der Motor von einem Abdeckblech versteckt wurde. Bei den Mopeds war er frei einsehbar und jeder Polizist hätte die Manipulation sofort gesehen. Also Luftfilter ab und zum Filtern der Ansaugluft einen Damenstrumpf über den Ansaugstutzen gezogen. Das ergab einen satten Sound. Das Geräusch war viel tiefer, vor allem, wenn ich voll aufdrehte – und das tat ich eigentlich immer.

Es gab zwar keinerlei Regeln, die das Zusammentreffen organisierten, aber wir trafen uns täglich. Es wurde über Gott und die Welt geredet, mit einander gerangelt, geraucht, selten auch mal ein Bier getrunken und natürlich über Freundinnen geredet. Es gab schon einige festere und einig lockerere Verbindungen und wer keine hatte, der war auf der Suche nach einer. Die Mädchen, die auf der Suche waren, kamen ganz zufällig auch mal dort vorbei. Und so ergab sich immer mal eine Paarbildung. Ohne lange darüber nachzudenken, kann ich auf Anhieb drei Paare nennen, die sich in der Zeit kennengelernt haben und noch zusammen sind, um bald ihre goldene Hochzeit zu feiern. Bei anderen hielt es nicht so lange. Aber unser Treffpunkt war schon eine Art Partnervermittlung. Und alles ohne Handy, *facebook* oder *Instagram*.

Bei den Treffen wurde dann verabredet, was man am Wochenende machte, wo eine Kirmes oder ein Feuerwehrfest war oder wer wen in den Partykeller einlud. Was den Partykeller angeht, da war Jürgen ganz weit vorne. Eigentlich konnte man immer zu ihm fahren, man traf immer jemanden an. Manche Feiern waren wirklich legendär, auch ohne besonderen Anlass. Jürgen ist aus dieser Zeit mein zweitältester Freund. Allerdings sind unsere Gemeinsamkeiten im Laufe der Zeit verloren gegangen.

Eine wichtige Frage war immer: *Wohin können wir zusammen eine Tour machen?* Mit großem Abstand beliebtestes Ziel war der Dümmer See: in 50 Kilometer Entfernung relativ schnell zu erreichen und mit einer interessanten Infrastruktur. Es gab Kneipen, Disco, Zeltplätze und junge Leute. Einmal ergab es sich, dass zwei Gruppen von uns dort zelteten. Die Gruppen hatten unterschiedliche Frontmänner und waren deshalb nur sehr locker miteinander verbunden. In diesem Fall geschah es, dass ein Mitglied der einen Gruppe zusammengeschlagen wurde. Im fehlten ein paar Zähne. Das wurde uns erzählt und wir beschlossen, gemeinsam dort hinzufahren und es denen zu zeigen. Einer von uns, der anerkannt als der Stärkste galt, war lautstark dafür und der Vorschlag fand so viele Anhänger, dass wir mit 24 Mopeds an einem Samstag dorthin fuhren. Die ortsbekannte Disco war unser Ziel, denn dort hatte man unser Mitglied verprügelt. Wir haben uns martialisch verkleidet, mit Stiefeln und Lederjacken und sonstigen Sachen, die uns gefährlich aussehen lassen sollten. Als wir vor dem Lokal ankamen, sind wir mit unseren Mopeds erst mal ein paar Mal ein paar Runden gefahren, ohne hineinzugehen. Jedes Mal, wenn wir wieder am

Eingang des Lokals vorbeifuhren, standen mehr Männer mit verschränkten Armen vor der Tür. Irgendwann hielten wir in gebührendem Abstand vom Eingang an. Der Stärkste von uns, der zu dem Rachefeldzug aufgerufen hatte, kam zu mir und sagte: »Ich glaube, es ist das Klügste, wenn wir jetzt nach Hause fahren.« Und so geschah es. Wir setzten uns wieder auf unsere Mopeds und fuhren in dem frohen Bewusstsein nach Hause, dass wir es denen so richtig gezeigt hatten, schließlich hatten wir sie dazu provoziert, ihre stärksten Männer nach draußen vor die Tür zu schicken. – Alles eine Frage der Sichtweise.

Ansonsten gab es zu der Zeit auch andere Mopedklubs. Einer davon hieß zum Beispiel *Tigerclub*. Die waren nur auf Randale aus. Bei Prügeleien schlugen sie auch schon mal mit Fahrradketten aufeinander ein. Auch denen gingen wir tunlichst aus dem Weg. Wir waren in aller Regel Schüler, Handwerker oder Verwaltungslehrlinge und keine Schläger.

In dem ersten Sommer, als ich meinen Roller hatte, kam auch immer einer mit einem Fahrrad zu unseren Treffen. Er war erst 15, hieß Udo und hatte noch keinen Führerschein. Er war gerade vom Gymnasium *abgegangen* und hatte nach einiger Zeit der Orientierung eine Lehre in unserer Kreisstadt als Vermessungstechniker begonnen. Er wollte gerne zu unserer Truppe gehören, auch weil er zu Hause jede Menge Stress mit seinem Vater hatte und ihn damit ärgern wollte, dass er jetzt ein Rocker war. Außerdem hatte er es nicht weit zu unserem Treffpunkt. Für Fahrten, die wir unternahmen, brauchte er natürlich eine Mitfahrgelegenheit. Aus der Tatsache, dass ich die Mitfahrgelegenheit hatte und wir uns auch sonst gut verstanden, ergab sich eine bis heute anhaltende Freundschaft. Wir waren in der folgenden Zeit praktisch immer gemeinsam mit dem Roller unterwegs. Später bekam er eine schwarze *Zündapp* und fuhr selber. Auch wir schauten uns nach Mädels um und fanden beide welche.

Einige von uns hatten mit einem Wirt aus dem Nachbardorf verhandelt, ob wir am Samstagabend seinen Saal für eine eigene Disco nutzen dürften. Nachdem sie die Erlaubnis hatten, von 15 bis 21 Uhr den Saal zu nutzen, haben wir ein bisschen dekoriert und mit Licht und Glitzer unsere eigene Disco veranstaltet. Ulli und seine Freunde gehörten nur zum erweiterten Kreis unserer Clique, aber jetzt nutzten wir alle gemeinsam den Saal. Unsere Disco hieß *Rubi Ratts Club*. Dort waren wir völlig unter uns. Knutschen, fummeln, tanzen … toll. Kaum einer war über 20 Jahre, nur Hubert, der fuhr schon eine 500er *BMW*.

Zu dieser Zeit lernte ich auch meine erst feste Freundin kennen. Natürlich prahlten alle Jungs mit ihren Sex-Erlebnissen rum, aber meistens war eher wenig davon wahr oder der Wunsch der Vater der Erzählungen.

Mit mir und meiner Freundin dauerte es eine ganze Zeit lang, bis wir uns an das Thema *harter* Sex ranwagen wollten. Geübt haben wir mit Petting. Auf dem Friedhof, nur 300 Meter von ihrem Zuhause, standen wir in einem Winkel der Friedhofshecke, so das uns von der Hauptstraße niemand sehen konnte. Da wurde geknutscht und da durfte ich dann das erste Mal in ihre Bluse greifen und ein wenig an ihrem Schlüpfer reiben. Damit haben wir uns fast ein ganzes Jahr zufriedengegeben, bis der Entschluss gereift war, dass es jetzt mal sein müsste. Da es für uns beide das erste Mal war, waren wir auch ein bisschen ängstlich.

Eines schönen Sommerabends, sollte es passieren. Wir fuhren auf einen nahen Hügel mit Bäumen und Wiesen und als wir da so entblößt beieinanderlagen … ging gar nichts. *Angst essen Ständer auf.* Da haben wir die Sachen wieder eingepackt und sind zu unserer Hecke gefahren. Das ging immer.

Na ja, aufgeschoben ist nicht aufgehoben und ein paar Tage oder zwei Wochen später haben wir es dann nachgeholt. Diesmal im Bett bei ihr zu Hause. Eigentlich ging das gar nicht, weil ihr Vater alles wegbiss, was ihr zu nahe kam, aber bei mir machte er eine Ausnahme und so konnten wir uns die nächsten Jahre unbehelligt in ihrem Zimmer vergnügen.

Im ersten Jahr mit richtigem Sex haben wir nur auf die dümmste denkbare Weise verhütet: *Koitus Interruptus.* Das war nicht immer ganz leicht, aber es ist gut gegangen. Später traute sie sich dann, die Pille zu nehmen. Das war für uns beide eine große Erleichterung. (Kondome galten ja als Teufelszeug.) Von ihr zu uns nach Hause waren es Luftlinie höchstens zweieinhalb Kilometer, zu fahren waren es aber über fünf, weil unser kleines Flüsschen dazwischen lag. Wenn ich aber bei ihr vor der Haustür meinen Roller anschmiss und beim Wegfahren ordentlich Gas gab, dann konnte meine Mutter schon hören, dass ich gleich nach Hause komme – dank abgebautem Luftfilter.

Unsere Beziehung hielt mit einigen Unterbrechungen vier Jahre lang. Heute sieht man sich gelegentlich und spricht über die jeweiligen Enkelkinder.

Die Arbeit in der Backstube zu Hause war für mich kein Problem, ich hatte genug gelernt. Nur an die Mengen, die gebacken wurden, musste ich mich erst gewöhnen. Schlimmer war die Situation bei meinen Eltern. Meine Mutter verließ immer mal wieder die Wohnung und ging zu ihrer ältesten Schwester, bis mein Vater sie mit vielen Versprechungen wieder nach Hause holte. Alkohol und andere Frauen waren fast immer der Grund. Ich bemühte mich, davon nichts mitzubekommen, aber das ging natürlich nicht. Aber auf wessen Seite sollte ich stehen? Gesellen wie früher waren jetzt mittags nicht mehr bei uns am Tisch, aber wir hatten noch eine Haushaltshilfe, die mittags für uns kochte. Meine Mutter machte noch ihren Laden, aber der warf immer weniger ab. Die ersten Discounter und großen Lebensmittelläden hatten schon aufgemacht. Bei uns wurde nur noch geholt, was man im großen Geschäft vergessen hatte – und Brot.

Ich bekam für meine Arbeit im Betrieb einen Lohn von 500 DM im Monat. Das was ich hätte mehr bekommen müssen, wurde von meinem Vater für ein Auto zurückgelegt. Schon Wochen vor meinem achtzehnten Geburtstag kaufte mein Vater ein Auto für mich, das ich mir ausgesucht hatte: ein zitronengelber *Alfa Romeo 1300 TI*. Das waren die anderen Seiten der Unberechenbarkeit. Ich war natürlich restlos glücklich. Über dieses Glück habe ich übersehen, dass der Wagen, obwohl nagelneu, schon am Rosten war. Aber ich wollte das nicht reklamieren, dann hätte der Wagen in die Werkstatt gemusst und ich hätte ihn nicht rechtzeitig gehabt, wenn ich meinen Führerschein abholte. Also haben wir nur halbherzig beim Händler vorgesprochen, 300 DM Nachlass bekommen und fertig. Damit der Wagen zwischenzeitlich auch mal bewegt wurde, hat mich mein Cousin damit rumgefahren. Schwarzfahren wollte ich jetzt nicht mehr, wegen der Aussicht auf Sperre.

Und dann war es endlich soweit: Ich durfte meinen Führerschein beim Straßenverkehrsamt abholen. Welche Freude! Ich schwor mir, nie wieder mit einem Moped oder Motorrad zu fahren. Die Erinnerung an eiskalte Winterfahrten war einfach zu präsent. Dass ich das später mal aus Freude und natürlich nur im Sommer machen würde, konnte ich mir da einfach nicht vorstellen.

Mein Auto war der Hit. Einer der Gründe für die Wahl des *Alfa Romeo* war sein Schaltknüppel. Um den Schaltknüppel herum war unten ein schwarzer Lederbeutel. Geil! Das Wort war zu der Zeit allerdings noch mit einer anderen Bedeutung belegt und wurde nur selten benutzt. Das Auto hatte schwarze Kunstledersitze. Mit seinen 70 PS schaffte es atemberaubende 170 km/h. Auch wenn es etwas länger dauerte, bis er dort ankam. Meine Freundin, noch immer die gleiche, wachte eifersüchtig darüber, dass auf dem Beifahrersitz niemals eine andere Frau saß, außer meiner Mutter.

Das fahren mit einem *Alfa Romeo* war schon ein wenig exotisch. Das Auto sollte mindestens 30 Kilometer lang in unteren Drehzahlbereichen warmgefahren werden. So viel Zeit hatte ich nicht, bis ich Gas geben wollte, also musste er mit zehn Prozent davon zufrieden sein. Zur selben Zeit wie ich meinen Alfa, bekam mein Freund Klaus-Peter einen 1600er *BMW*. Im Partykeller von Jürgen schaukelte sich die Leistung des jeweiligen Fahrzeugs nach oben, mit dem Ergebnis, dass ein Rennen unausweichlich wurde. Es ging im Wesentlichen um die Endgeschwindigkeit. Die Autobahn war nicht weit weg, also los. Alkohol war nicht im Spiel. Wir fuhren an unserer Auffahrt auf die Bahn. Ich vorweg, er hinterher. Als wir ganz allmählich in den Bereich meiner Höchstgeschwindigkeit kamen, zitterte mir vor Aufregung mein Gasfuß so stark, dass ich das Bein mit der rechten Hand runterdrücken und festhalten musste. Es half aber nichts: Der *BMW* zog an mir vorbei. Die Niederlage schmerzt lange, sogar jetzt noch, als ich es aufschreibe.

Die Quittung für mein undiszipliniertes Fahren ohne Warmfahren kam schneller als gedacht: Nach 11.000 Kilometern war der Motor kaputt. *Alfa Romeo* hatte für solche Zwecke vorgesorgt: Man konnte die Kolbenfresser-Buchsen im Motor austauschen. Mit 1.000 DM war man dabei. Ich ließ den Wagen reparieren und verkaufte ihn. Ich hatte nämlich einen anderen *Alfa* entdeckt: gebraucht, mit neuen Laufbuchsen im Motor. Laufleistung insgesamt

11.000 Kilometer. Es wurde mein erstes Cabrio. Sein voller Name: *Alfa Romeo 1750 Spider veloce*. Für alle nicht ganz Alfa-Festen: Das war der mit dem Fließheck und den Plexiglas-Kappen auf den Scheinwerfern. Die Farbe war ein *Nasszellen-Hellblau*, aber das war mir egal. Der Wagen hatte 115 PS und schaffte knapp 200 km/h. Das schwarze Stoffdach musste komplett von Hand bedient werden und verschwand, bis auf eine kleine Delle, für die es eine extra Plane gab, im Kofferraum. Hinter den beiden Sitzen war … nichts. Nicht mal Platz für eine Handtasche.

Ein großer Nachteil war, dass ich das Auto spät im September kaufte. Es ergaben sich kaum noch Gelegenheiten, offen zu fahren. Das wollte ich dann unbedingt an einem sonnigen Januartag bei zehn Grad Minus nachholen. Daraus ergab sich die gewaltigste Stirnhöhlenvereiterung meines Lebens, mit 40 Grad Fieber, Fantasieren und allem drum und dran.

Mein Vater hatte für mich in einer großen Brotfabrik in Mühlheim an der Ruhr eine Praktikantenstelle klargemacht. Dort blieb ich die Woche über und fuhr am Wochenende nach Hause. Das Praktikum dauerte einige Wochen. Ich sah dort viel moderne Technik und professionelle Bäckereiabläufe. Das musste nun für volle 14 Tage unterbrochen werden. Die Pflege meiner Stirnhöhlenvereiterung übernahm meine Mutter. Zum Arzt ging man nicht, Kopf war ja noch dran. Aber sie pflegte mich nicht zu Hause, dort war sie wieder mal ausgezogen und wohnte bei ihrer ältesten Schwester und deren Familie. Dieses Mal machte sie endlich ernst: Sie wollte die Scheidung.

Mein Vater hatte einen neuen Backstubenleiter eingestellt. Der zog mit Ehefrau und vier Kindern in die Wohnung an der Backstube ein. Die Ehefrau arbeitete auch mit im Betrieb. Es dauerte nicht lange und mein Vater und die Neue bandelten miteinander an. Als ich wieder gesund und auch aus Mühlheim zurück war, waren die Spannungen im Betrieb sehr groß. Vor allem aber sah ich, wie meine Mutter unter der Situation litt. So kam es auch immer wieder mal zu Auseinandersetzungen zwischen meinem Vater und mir.

Als er wieder eine Phase des unkontrollierten Saufens hatte, habe ich ihm ein Ultimatum gestellt: Entweder das mit dem Saufen hört auf und er geht einige wichtige Reformen im Betrieb an, oder ich höre zu Hause auf. Das Ultimatum lief bis Donnerstagmorgen vier Uhr. Als er auch auf Nachfrage nicht auf meine Vorschläge eingehen wollte, habe ich wie angekündigt meine Schürze abgemacht und bin gegangen. Zuerst habe ich mich in meinem Zimmer eingeschlossen, weil ich ihn erwartete. Er kam auch und schrie: »Ein Fahrer ist nicht gekommen, du musst sofort runterkommen!« Aber ich ging nicht runter.

Ich muss vielleicht erklärend noch hinzufügen, dass die familiäre Situation kaum zu ertragen war. Ich fand meinen Vater einige Male volltrunken irgendwo liegen, einmal sogar im Beisein meiner Freundin. Der Zweifrontenkrieg, den er zu führen hatte – mit meiner Mutter, der der halbe Betrieb gehörte, und dem Ehemann seiner Geliebten, der mittlerweile schon gekündigt hatte –, war ihm sicher über den Kopf gewachsen und Alkohol war seine Lösung.

Noch am selben Tag fuhr ich zum EDEKA-Großhandel. Dort war mein Schwager beschäftigt. Ich fragte ihn, ob es bei der EDEKA eine Arbeit für mich gäbe, was auch immer. Selber entscheiden konnte er das nicht, aber er war gerade zum Abteilungsleiter befördert worden und konnte ein Wort für mich einlegen. Das tat er. Am nächsten Tag begann ich bei der EDEKA. Ich war immer noch 18 Jahre alt.

Ich wurde ins Feinkostlager beordert. Dort musste ich das Sortiment kennenlernen, aufräumen, einräumen und Ware, die ausgeliefert werden sollte, kommissionieren. Da es viel Arbeit gab, wurden viele Stunden gemacht und ich verdiente so gut, dass ich mir ein Zimmer vor Ort suchte. Ich wohnte bei einer Witwe unterm Dach in einem kleinen Zimmer mit Kohleofen.

Nach kurzer Zeit gab es eine Umstellung im Feinkostbereich. Es gab nun Feinkostverkäufer, die mit einem *VW Käfer* die Kunden abfuhren und Aufträge hereinholten. Nachts wurden die Aufträge kommissioniert und am anderen Morgen mit Lkws ausgeliefert. Ich war nun Feinkostverkäufer, mit *VW-Käfer*-Dienstwagen. Ich hatte eine Tour, die ich wöchentlich abzufahren hatte. Dabei waren kleine Kunden, große Kunden und sehr große Kunden. Da fuhr ich dann sogar zweimal die Woche hin. Der Job war interessant und machte mir Spaß. Das Ganze war auch ein Wettbewerb. Wir waren sechs Vertreter, die sich gegenseitig anstachelten. Mein Schwager war nicht mein Vorgesetzter, der war zwischenzeitlich Leiter der Tiefkühlabteilung geworden. – Ein stark wachsender Markt.

Die Zeit als Reisender in Sachen Feinkost wurde durch eine Aufforderung vom Kreiswehrersatzamt zur Nachmusterung getrübt. Eine hatte ich schon hinter mir und war der Meinung, dass die mich nicht wollten, wegen meiner Schwerhörigkeit auf dem rechten Ohr. Aber da hatte ich mich getäuscht: Jetzt wollten sie mich. Als klar war, dass ich hinmusste, habe ich dort angerufen und um eine schnelle Einberufung gebeten. Ich wollte nicht noch mehr Zeit vertrödeln. Als meinem Chef klar wurde, dass ich gehen musste, hat er aus den sechs Touren fünf gemacht und ich wurde zum ZBV, ich machte jetzt zum Beispiel Marketingservice bei den Einzelhändlern: Werbematerial anbringen, Feinkostregale nach Marketinggesichtspunkten umräumen und andere Kundenpflegemaßnahmen.

Marketinggesichtspunkte im Feinkostregal heißt, auch heute noch, Milch auf der einen Seite, Butter auf der anderen, damit der

Kunde am ganzen Regal entlanggeführt wird, ohne das zu bemerken. Das soll *Spontankäufe* anregen. Billige Sachen oben und unten, teure in Griffhöhe, das soll die Bequemlichkeit der Kunden ausnutzen, um ihnen die teureren Sachen zu verkaufen. Dies sollte ich den Einzelhändlern auch vermitteln, um sie fit zu machen, für den härter werdenden Wettbewerb. Auch das machte Spaß, war aber durch meine Einberufung zeitlich klar begrenzt.

Bei einem meiner Einsätze beim Kunden sah ich eine sehr hübsche blonde Mitarbeiterin. Ich lud sie ein, mit mir auszugehen, und sie sagte Ja. Als ich sie abholte, sind wir essen gegangen. Dann fragte ich, was wir danach noch unternehmen wollten. Sie hatte keinerlei besondere Interessen. Alle Vorschläge, die ich machte (viele waren es nicht), fand sie doof. Da habe ich gesagt: »Wenn dir alles nicht passt, dann gehen wir jetzt zusammen in die Kiste.« Da hat sie auch wieder nur mit den Schultern gezuckt. Also fuhren wir in mein kleines Zimmer. Aber auch dort hat sie keine besonderen Aktivitäten entwickelt und war erschütternd unbeteiligt. Wir haben uns nicht mehr wiedergesehen.

Am 1. April 1971 stieg ich in den Zug, der mich zu meiner Bundeswehreinheit bringen sollte. Das Ganze gestaltete sich schwieriger als vermutet. Wir fuhren mit verschiedenen Zügen hin und her. In welche Einheit ich nun kommen sollte, änderte sich stündlich. Losgefahren bin ich als Panzergrenadier, angekommen bin ich als Raketenartillerist. Unser Ziel war schließlich das Dörfchen Dörverden und die dortige Kaserne. Meine Einheit hieß: *3. Raketen-Artillerie-Bataillon 32.*

Schon auf der Zugfahrt zur Einberufung gab es die ersten Kontakte untereinander. Da wusste man schon, mit wem man auf die Bude wollte und mit wem lieber nicht. Mein erster Kontaktmann hieß Karl, der blieb über die gesamte Zeit mein Kumpel. Er erzählte mir, dass er unbedingt im Nachhinein noch verweigern würde, spätestens nach ein paar Wochen wäre er weg. Das wusste er da einfach noch nicht besser. Verweigern war zu der Zeit groß in Mode: Vietnamkrieg, atomare Aufrüstung, Deutschland als Aufmarschgelände für den nächsten Weltkrieg ... Das war alles sehr präsent. Aber verweigern war nicht so einfach, da wurden die vorgebrachten Argumente sehr genau geprüft. Die Argumente von Karl waren nicht gut genug. *Ich will nicht* reichte nicht. Ich fand es aus beruflicher Sicht sehr hinderlich, zur Bundeswehr zu müssen, aber verweigern war nicht meine Sache.

Karl und ich waren von Anfang an in einer Stube. Nach nur vier Wochen, noch in der Grundausbildung, kam er eines Abends an und erzählt mir, dass er sich für zwei Jahre verpflichtet habe. Das hat mich schier aus den Stiefeln gehauen. Später merkte ich dann, dass er einfach das Geld brauchte. Von zu Hause hatte er keine finanzielle Unterstützung und da war es dann ganz schön eng.

In der Grundausbildung und auch am Anfang der Spezialausbildung waren wir immer zusammen, sind auch abends und am Wochenende zusammen weggegangen. Mich zog kaum etwas nach Hause. Mein Vater lebte mit der neuen Frau in der Wohnung beim Betrieb. Die Scheidung lief. Kontakt zu meinem Vater hatte ich keinen. Bei meiner Mutter war es auch nicht gerade fröhlich. Also blieb ich bei meinen Kameraden.

Viele davon kamen aus dem Ruhrgebiet. Ich hatte ein Auto und brachte sie für einen Sprit-Anteil nach Hause. Karl wohnte in Rheinsberg. Dort konnte ich auch übernachten. An den Wochenenden gingen wir dann in die *Szene*, zum Beispiel nach Düsseldorf, an die längste Theke der Welt. Immer auf der Suche nach Mädchen.

Karl sah unverschämt gut aus und schleppte mich mit durch. Es ergab sich auch das eine oder andere. Einmal geriet ich an eine Jungfrau, die der Meinung war, für sie wäre es jetzt Zeit, das zu verändern, und ich wäre dafür das passende Objekt. Wir buchten uns ein Zimmer, irgend wo im Bergischen, für eine Nacht. Karl half ihrer Freundin. Ob wir die beiden danach noch öfter gesehen haben, weiß ich wirklich nicht mehr, der Name ihrer Heimatstadt ist mir aber noch geläufig: Neukirchen Flyn.

Immer mal wieder, wenn ich mit Karl unterwegs war, gingen wir auf seinen Wunsch in Schwulentreffs. Dort gab es angeblich den besten *Schitt* zu kaufen – Haschisch. Er rauchte ab und zu was. Ich habe das zwei- oder dreimal probiert, ohne großen Erfolg, und ließ es dann für immer bleiben. Er sagte dann, ich solle in den Bars einfach in seiner Nähe bleiben, dann würde mich keiner anbaggern und so war es auch.

Einmal hatte er für uns eine Einladung bei einem alten Kumpel. Dort konnten wir auch übernachten. Wir aßen und tranken zusammen und Karl trank ungewöhnlich viel und schnell und ganz im Gegensatz zu seinen üblichen Trinkgewohnheiten war er sehr schnell betrunken und meinte, schlafen gehen zu wollen. Ich war nun mit seinem Kumpel allein vor dem Fernseher. Irgendwann verschwand der kurz und kam mit einem Bademantel bekleidet zurück. Er stellte sich vor mich hin und machte den Bademantel auf. Darunter war er nackt. »Sehe ich nicht noch gut aus?«, fragte er mich. Was sollte ich dazu sagen. Wie ein Mann von Anfang 40 nackt aussieht, war mir ziemlich egal. Schließlich fiel sogar mir auf, dass er mir Avancen machte. Da ich kein Interesse an einem tiefergehenden Kontakt hatte, bestätigte ich ihm nur halbherzig, dass sein Aussehen noch okay sei, und sagte, dass ich auch müde wäre. Wir schliefen alle drei in einem Doppelbett.

Karl schlief tief und fest oder tat zumindest so. Der Kumpel legte sich zwischen uns in die Mitte. Nach kurzer Zeit bemerkte ich seine Hand an meinem Geschlechtsteil. Ich forderte ihn auf, dass Gefummel einzustellen, oder ich würde sofort seine Wohnung verlassen. Danach war Ruhe. Am anderen Morgen wurde über die Vorgänge nicht weiter gesprochen. Aber ich wusste nun, dass Karl bisexuell war und mit seinem Kumpel eine Abmachung getroffen hatte, er möge mir mal auf den Zahn, beziehungsweise auf den *Pieselmann* fühlen, inwieweit ich auch ein Interesse daran hätte.

Nachdem wir das geklärt hatten, schleppte sich unsere Freundschaft ein bisschen schwerfällig dahin. Erschwerend kam hinzu, dass Karl nun Unteroffizier wurde und quasi mein Vorgesetzter. Wir haben das alles aber ganz gut hinbekommen. Karl lernte dann irgendwann eine Frau kennen und teilte mir mit, dass er sie heiraten werde. Die junge Frau kam *aus gutem Hause* und konnte ihm mit materiellen Dingen imponieren. So bekam er, wenn er zu ihr fuhr, schon an der Haustür ein Glas Sekt. Das war es. Die Ehe ging auch gründlich schief, wie ich bei einigen Besuchen nach Ende der Bundeswehrzeit feststellen konnte. Unser Kontakt verlief dann so ganz langsam im Sande.

Die Grundausbildung war sehr allgemein gehalten. Danach wurden wir innerhalb des Bataillons in die verschiedenen Einheiten verteilt. Ich kam in den dritten Zug. Das war gut so. Der erste Zug machte nur Wachdienst, der zweite Zug hatte die *Honnest John*, eine Rakete, die angeblich auch atomar bestückt werden konnte, was allerdings nicht sehr klug gewesen wäre, denn sie flog nur 50 Kilometer weit. Der dritte und vierte Zug hatte den Raketenwerfer *110 SF*. Im Zweiten Weltkrieg hatten die Russen eine ähnliche Waffe. Dort hieß sie *Stalinorgel*. SF steht für *Selbstfahrlafette*, was nichts anderes heißt, als dass ein Bündel von 36 Raketenrohren von 11 cm Durchmesser auf einen Lkw montiert war, der dann in eine Schießstellung eingemessen wurde und von dort aus feuerte. Die Waffe war bei der Bundeswehr nagelneu, nicht einmal unser Hauptmann konnte damit umgehen. Der ganze Zug – Offiziere, Unteroffiziere und Mannschaft – musste gemeinsam auf verschiedene Lehrgänge, um den Umgang mit der Waffe zu erlernen. Das war die sogenannte *Spezialausbildung*, die über ein halbes Jahr dauerte.

Danach durften wir mit der Waffe ein paar Mal schießen. Das fand immer vor großem Publikum statt: Amis, Russen, Engländer und Franzosen schauten sich an, was wir dort taten. Bei einem Schießen stand die Militärprominenz bereit, um zuzuschauen. Damit sie die Treffer mit ihren Fernrohren beobachten konnten, bekamen wir den Befehl, die Mindestschussweite von sechs Kilometern zu unterschreiten. Das bereitete uns in zweierlei Hinsicht große Probleme. Erstens: Die Werfer Besatzung saß während des Schießens in ihren Lkws. Keiner wusste was passiert, wenn wir den Anstellwinkel der Rohrpakete unter die Mindesthöhe absenkten. Zweitens gab es vom Hersteller der Waffe Begleitbücher für die ballistische Berechnung, die fingen aber erst bei 6000 Meter Schussentfernung an. Ich war bei den Feuerleitern und wir mussten das Schießkommando errechnen. Zum Glück hatten wir zwei Mathetalente bei uns, die das hinbekamen. Wohlgemerkt: Mannschaftsdienstgrade. Die Offiziere hätten das nicht gekonnt. Unser Zugführer auch nicht. Das große Lob und die Beförderung haben die sich aber abgeholt.

Außer Karl lernte ich bei der Bundeswehr noch einige andere bemerkenswerte Menschen kennen. Einer hieß Ladwig. Lange Haare hatten wir ja alle zu der Zeit und mussten deshalb im Dienst ein Haarnetz tragen. – Bis der *Haare-ab-Erlass* kam, von da an mussten wir sie wieder kurz tragen. Aber Ladwig hatte nicht nur lange Haare, er war auch ein richtiger Hippie. Eines Tages beschlossen wir, ein gemeinsames Wochenende auf Langeoog zu verbringen. Wir waren zu viert. Ich hatte genau so viel Geld, dass es für das Ticket auf der Fähre und den Sprit hin und zurück reichte. Alle Hoffnungen lagen auf Ladwig, denn der konnte mit ein bisschen Silberdraht Modeschmuck herstellen. Also gingen wir auf die am stärksten frequentierte Straße und Ladwig fing an, seinen Schmuck zu biegen. Es dauert auch gar nicht lange und wir konnten uns von dem Umsatz die erste Zwei-Liter-Flasche Lambrusco kaufen. Und dann noch eine und dann ein Fischbrötchen und so weiter. Der Höhepunkt nahte, als eine Mädchenklasse aus einem Internat vorbeikam. Die kriegten sich gar nicht wieder ein. *So ein Künstler!* Sie luden uns ein, mit ihnen zu gehen. Das Ende vom Lied war, dass drei von uns mit in das Internat gingen und dort den Kühlschrank leergefressen haben. Ich war leider nicht dabei. Ich habe gewartet, bis die Jungs zurückkamen. Da das sehr lange dauerte, habe ich mir eine gemütliche Telefonzelle gesucht und darin meinen Lambrusco-Rausch ausgeschlafen. Später gingen wir in die Jugendherberge. Ich glaube, das Geld dafür haben uns die Mädchen gegeben.

Andere außergewöhnliche Menschen in unserer Feuerleittruppe waren Stahlmann und Märten. Märten war schon am Anfang des zweiten Semesters in einem Mathematikstudium, als er eingezogen wurde. Er hatte den Eid verweigert und blieb darum bis zum Schluss Kanonier. Stalmann hatte auch den Eid verweigert und in seine Abiturarbeiten ein paar Fehler eingearbeitet, damit er, nicht als Streber gemieden wurde. Ein völlig Vergeistigter war Wolf. Wenn wir am Skatdreschen waren, dann las er die Schaltpläne von

Radios oder Fernsehern und lachte sich darüber kaputt, was da wieder für Fehler drin waren. Er war es, der unsere Schießtafel auf 5600 Meter umgerechnet hatte.

Im Nachhinein stellte sich die Bundeswehrzeit für mich überhaupt nicht, wie vorher befürchtet, als verlorene Zeit heraus. Im Gegenteil. Ich habe dort sehr viele unterschiedliche und oftmals interessante Menschen getroffen. Einige sehr bedauernswerte Charaktere waren auch darunter, Heinkötter zum Beispiel. Er packte sich vor dem Einschlafen ein Bier unter sein Kopfkissen und wenn die Trillerpfeife zum Wecken rief, machte es *Plopp* und er trank seine erste Flasche. Oder Uhlrich. Der war so verliebt in seine Frau, dass er nach dem Wochenende nie zurück in die Kaserne wollte. Dann holten ihn die Feldjäger ab und er ging 21 Tage in den Bau, wieder und wieder. Als wir dann aus dem Tor marschierten, nach unserer Entlassung, stand er da und heulte sich die Augen aus dem Kopf, weil er die ganze Zeit, die er im Bau verbracht hatte, nachdienen musste. Uhlrich war ansonsten ein berüchtigter Schläger. Ihm war keiner zu groß, oder zu stark, um sich mit ihm anzulegen. Die anderen bekamen so was von unglaublich schnell was auf die Fresse, dass sie das erst merkten, wenn sie schon am Boden lagen.

Einmal habe auch ich mich geprügelt, mit Becker, einem von der Lkw-Besatzung, genannt *Werferknüppel*. Wir bekamen einen Neuen auf unsere Stube. Dass man so jemanden eingezogen hat, war eigentlich unbegreiflich: Ein völlig gemeinschaftsuntauglicher Mann. Vielleicht ein Autist. Wir haben ihn halt aufgenommen, wie er war, aber die *Werferknüppel* machten sich manchmal einen Spaß daraus, ihn vorzuführen. Einige *Werferknüppel* kamen besoffen in die Unterkunft und ich hörte unseren Mitbewohner auf dem Flur vor Angst schreien. Wir waren am Skat spielen. Ich bin dann raus, um nachzuschauen. Becker trieb den Mann vor sich her, boxte und trat ihn, weil es ihm Spaß machte, ihn so verängstigt zu sehen. Ich bin hin und habe den Schläger aufgefordert, damit aufzuhören. Da wandte sich seine Aggression sofort gegen mich. Es folgte ein kurzes Handgemenge und Becker lag im Waschraum auf dem Boden. Ich fragte ihn, ob ich aufhören soll, und er nickte. Als ich ihn hochkommen ließ, fing er sofort wieder an. Da habe ich ein paar Mal richtig zugehauen. Am anderen Tag hat er sich bei mir beschwert, so doll hätte das ja nicht sein müssen. Zum Glück habe ich mich mit Uhlrich immer gut verstanden, auch weil ich ihn öfter mit ins Ruhrgebiet genommen habe. Ansonsten taten sich die *Werferknüppel* auch schon mal zusammen, um sich zu rächen.

Einmal habe ich Märten so verärgert, dass er mir nachhaltig die Freundschaft verweigerte. Ich musste den *Unimog* betreuen und fahren, der uns im Feld als Arbeitsraum diente. Zu diesem Zweck hatte jeder Zug zwei *Unimogs*, die im Manöver rückwärts aneinander gefahren wurden und so einen großen Raum ergaben. Über die Lücke wurde eine Plane gelegt. Jeder hatte auf dem Dach eine Standheizung. Im Manöver wurde auch im Wagen geschlafen; pro Wagen vier Mann Besatzung.

Zu den Manövern wurden immer wieder Reservisten dazu geholt. Wir bekamen einen Offiziersanwärter, der nach der Reserveübung Leutnant wurde. Er war mein Beifahrer, die übrige Besatzung war hinten im *Koffer*. Es gab noch keine Gurtpflicht, die hielten sich da halt so gut wie möglich fest. Mein Offiziersanwärter befahl mir, ins Gelände zu fahren, und zwar zackig. Meistens fuhr ich ihm zu langsam, dann hat er rumgemeckert. Also fuhr ich schneller. Die Tour dauerte rund 30 Minuten. Als wir anhielten, ließ ich die Männer aussteigen. Stalmann und Wolf waren guter Dinge, aber Märten kam herausgestürzt und schrie herum. Dann nahm er meinen Kaffeepott und schmiss ihn auf einen Stein. Das war die

Rache, weil sein Becher bei der wilden Fahrt kaputtgegangen war. – Und es war das Ende unserer Freundschaft. Er sprach den Rest der Dienstzeit kein Wort mehr mit mir. – Obwohl ich auf Befehl gehandelt hatte. Das, akzeptierte er einfach nicht. Er hatte aber recht, wenn es mir nicht einen solchen Spaß gemacht hätte, wäre ich anders gefahren.

Meine Zeit bei der Bundeswehr beendete ich mit einer Beförderung. Am letzten Tag, als alle schon kaum noch stehen konnten, und schon in Zivil waren, wurde die gesamte Feuerleittruppe zu Obergefreiten befördert. – Außer Stalmann und Märten, die blieben Kanoniere, aber da haben sie eh drauf geschissen.

Bevor ich durcheinanderkomme, will ich an dieser Stelle kurz nachholen, wie sich mein privater Fuhrpark entwickelte. Den blauen *Alfa Spider* habe ich nach 11.000 Kilometern verkauft, weil wieder der Motor kaputt war. Durch Vermittlung meines Freundes Klaus Peter habe ich mir danach einen *Volvo 144* mit Drei-Gang-Automatik gekauft. Die Unterschiede konnten nicht krasser sein. Klaus Peter, eigentlich Gemeindeverwaltungsangestellter, betrieb einen ambulanten Autohandel. Er hatte eine Quelle, wo er *Mercedes*-Jahreswagen her bekam. Der *200 D/8*, war seinerzeit so beliebt, dass man zwei Jahre darauf warten musste. Das nutzte er, um die Wagen, die er kriegen konnte, fast zum Neupreis weiterzuverkaufen – ohne Lieferzeiten. Für ihn ein Supergeschäft und alles ohne Mehrwertsteuer. Er hatte immer einen dicken Packen Bargeld in der Tasche. Seinen Job in der Gemeindeverwaltung gab er später auf. Er hatte mir also diesen dunkelblauen Volvo vermittelt, damit ich mal ein Auto hatte, bei dem der Motor länger hält. Als ich dann wusste, dass ich zur Bundeswehr musste, habe ich diesen Wagen an einen örtlichen Möbelhändler verkauft, noch 1.600 DM in bar bekommen und dazu seinen *R 4* mit nur wenigen Kilometern. Auf meinem Volvo war das Logo vom *Club Mediterane*: Neptuns Dreizack. Dieses Zeichen war dem Möbelhändler sehr suspekt. »Wehe, wenn das etwas Versautes ist«, meinte er. Ich konnte ihn beruhigen: Im Sommer 1969 machte ich mit meiner Freundin meine erste Flugreise. Wir flogen nach Gerona in Nordspanien. Dort verbrachten wir zwei Wochen im *Club Mediterane*. Das war eine tolle Sache. Auf jedem Hügel standen Frankos Polizisten, um über die Moral zu wachen. Diese Überwachung umging der Club, indem er Piratenfahrten aufs Meer machte. Sobald das Schiff außer Sichtweite der Polizei war, gingen die Animateure des Clubs rum und nahmen den Frauen ihre Bikinioberteile ab. Dazu gab es Sangria und Musik. Abends gab es an Bienenkörbe befestigte Hummer zum Buffet und andere Delikatessen. Aber *versaut* war das Abzeichen nicht.

Ich rückte also mit meinem *R 4* zur Bundeswehr ein. Nach ein paar Monaten stellte ich fest, dass ich bei Regenfahrten immer nasse Füße bekam: Der Wagen war bereits durchgerostet. Ich verkaufte ihn und holte mir einen klodeckelgrünen *VW Käfer*. Der hatte so schlechte Bremsen, dass ich immer Fuß- und Handbremse gemeinsam betätigen musste. Mein Vater, mit dem ich ansonsten überhaupt keinen Kontakt hatte, erzählte mir einmal etwas von einem Sparvertrag. Ich rief ihn an und sagte, das Geld könnte ich gerade gut gebrauchen. Daraufhin übergab er mir 4.000 DM. Für dieses Geld kaufte ich mir einen *Mercedes 230*, den mit der *Haifischflosse* hinten dran. Meine Touren ins Ruhrgebiet mit meinen Soldaten-Kumpels sorgten für das Spritgeld. Allerdings hatte der Wagen einen Fehler, den wir lange nicht fanden: Die Werkstatt hatte einen neuen, aber falschen Keilriemer aufgezogen. Durch den falschen Riemen lud die Lichtmaschine nicht auf beziehungsweise zu wenig und wir mussten das Auto immer so parken, dass man es leicht anschieben konnte. Nachts fahren ging wegen dem funzeligen Licht gar nicht, bis der Fehler gefunden wurde. Dann lief er wieder prima. Mit dem Wagen verließ ich dann auch die Kaserne wieder in die Freiheit.

Schon vor meiner Entlassung vom Bund bin ich zur EDEKA gefahren, die mussten mich ja wieder einstellen. Ich wurde zu einem der Oberen geschickt. Dieser Mann, Personalchef oder so, führte ein längeres Gespräch mit mir. Er sprach von *Karriere bei der EDEKA* und fehlenden Grundvoraussetzungen bei mir und so weiter. Sein Vorschlag war, dass ich in einem der EDEKA-Ausbildungszentren meine fehlende kaufmännische Ausbildung nachhole. Dazu könnte ich nach Essen oder nach Berlin gehen. Ich habe mich natürlich für Berlin entschieden. Dort hatte die EDEKA Räume angemietet, im *Gästehaus Düsseldorf*, in der Bühlostraße Ecke Potsdamer Straße. Da war richtig was los. Bars und Prostitution waren praktisch in Griffnähe. In der Potsdamer gab es gerade Krieg zwischen deutschen und österreichischen *Luden*, da wurde des Nachts auch schon mal geschossen. Jede Kneipe war quasi auch eine Spielhalle mit Roulette und Kartenspielen. Die Roulettetische durften nur 30 Fächer haben statt 36, wie bei den staatlichen Spielcasinos, das verbessert die Gewinnchancen der Spieler ein wenig. Die Spielcasinos, die der Staat betreibt, dürfen den Spieler hingegen richtig abzocken.

Meine Ausbildung in Berlin umfasste einen praktische und einen theoretischen Teil. Der praktische Teil hieß bei mir, zehn bis zwölf Stunden am Tag arbeiten im *Spreekauf*, das war das größte SB-Warenhaus der EDEKA zu der Zeit, mit 15 Kassen und eigenem Parkdeck. Die anderen Praktikanten waren über Berlin verteilt, bei kleineren und größeren selbstständigen EDEKAnern. Ich hatte es außergewöhnlich gut getroffen mit meinem Chef Längefeld, er war eine große Orientierung für mein Leben.

An einem Tag der Woche war Unterricht. Sonntags war frei. Der Lehrer für den theoretischen Teil mochte mich nicht. Er wollte gelernte Einzelhandelskaufleute weiterbilden, für ihre Karriere innerhalb der EDEKA, und keinen ungebildeten Bäcker. Aber bis zur theoretischen Prüfung änderte sich seine Meinung.

Ich durchlief viele Abteilungen des *Spreekauf*, angefangen von der Obst-und-Gemüse-Abteilung bis zur Kassenaufsicht. Ich genoss das absolute Vertrauen meines Chefs und das tat mir ungeheuer gut. Mein Selbstvertrauen machte in diesem Jahr große Sprünge, obwohl auch da wieder einer war, der bremste: ein ehemaliger Praktikant, der praktisch ein Jahr weiter war als ich und drei Jahre älter. Er wurde nun Leiter der Obst-und-Gemüse-Abteilung und ich sein Mitarbeiter. Wie er hieß, habe ich verdrängt. Wir wohnten im gleichen Haus, arbeiteten im selben Geschäft, waren ungefähr gleich alt und der Affe erwartete von mir, dass ich *Sie* zu ihm sagte. Okay, wenn er das brauchte … Es hat mehrere Monate gedauert, bis er mir angeboten hat, mit ihm im Auto zur Arbeit mitzufahren. Ich musste um zwei Häuserecken zur U-Bahn gehen, Kurfürstenstraße einsteigen, am Ernst-Reuter-Platz aussteigen und dann noch bis zur Dovestraße, Ecke Salzufer laufen. Wenn alles passte, war das eine halbe Stunde. Mit dem Auto waren es zehn Minuten. Aber der Affe wollte mir damit den Abstand zwischen sich und mir klar machen. Irgendwann in seiner Praktikantenzeit hat ein Ausbilder zu ihm beim Gemüseeinräumen gesagt: »Sie trennen sich nicht schnell genug von der Ware.« Diesen Satz musste er natürlich auch irgendwann bei mir platzieren. Als er schnallte, was für ein super Standing ich bei Längefeld hatte, bot er mir dann aber das Du an, der Arschkriecher.

Als ich später im Jahr dann die Kassenaufsicht übernehmen musste, haben wir häufig die Tageseinnahmen in den Nachttresor der Bank gebracht. Das waren mehr als einmal über 100.000 DM. Die hohen Einnahmen hatten wir immer, wenn es Rindsrouladen im Angebot gab. Das war die letzte Phase, in der man noch billiges argentinisches Rindfleisch einführen durfte, danach führte die EG hohe Zölle dafür ein. Da gab es dann Roulade aus der Keule geschnitten, das Kilo für 9,99 DM. Wenn wir die Rouladen im Angebot hatten, dann haben sich alle Taxifahrer von Westberlin über Funk verständigt und kamen zu uns. Das gesamte Parkdeck stand voller Taxen. Manche hatten Wannen im Kofferraum, um das Fleisch zu transportieren. In der Fleischabteilung standen wir uns auf den Füßen, weil alle mit ran mussten. Das brachte alle paar Wochen immer richtig Geld in die Kasse. Wie viel daran verdient wurde, kann ich nicht sagen, aber der Werbeeffekt war riesig.

Wir hatten auch eine Textilabteilung im Haus, aber die lief nicht so richtig gut, also wurde ein neuer Mann beziehungsweise eine Frau gesucht, um das Geschäft in Schwung zu bringen. Man fand einen Textilfachmann als Hoffnungsträger für die Abteilung. Der war schwul, wollte es aber nicht zugeben. Ständig erzählte er etwas von seiner Ehefrau. Gesehen haben wir sie nie. Plötzlich, kurz nachdem er bei uns angefangen hatte, passierten seltsame Dinge in der Textilabteilung. In einem Grabbeltisch für Herrenslips hatte jemand rohe Eier aufgeschlagen und in die Wäsche geschmiert. Der neue Abteilungsleiter hatte es entdeckt und war ganz aufgelöst zum Chef gelaufen, um es ihm zu erzählen. Die verschmutzten Slips mussten allesamt weggeworfen werden. So etwas hatte es im *Spreekauf* noch nie gegeben. Aber die Vorfälle häuften sich. Plötzlich passierte so etwas alle zwei oder drei Wochen. Ein Täter konnte nicht ermittelt werden. Der Schaden summierte sich aber langsam. Längefeld, der alte Fuchs, griff zu einer List: Wir bekamen neue Werbeträger in Form von Litfaßsäulen. Eine Säule wurde an der Obstabteilung aufgestellt, eine bei den Spirituosen und eine in der Textilabteilung. In die Säule in der Textilabteilung wurde eine Kamera eingebaut, die den Bereich der Grabbeltische überblicken konnte. Schon einen Tag später ertappten wir den Schmutzfink. Auf dem Film war der neue Abteilungsleiter zu sehen, wie er mit lustvollem Gesichtsausdruck die rohen Eier in den Schlüpfern verschmierte. Selbst bei mehrmaligem Anschauen des Films konnte ich den erotischen Kick dabei nicht entdecken, aber wie der Kölner sagt: *Jeder Jeck ist anders.* Für den Textilfachmann war es jedenfalls ein kurzes Gastspiel bei uns; er musste woanders Eier in Schlüpfer reiben.

Im Praktikum haben wir viel, aber nicht nur gearbeitet. Berlin war fantastisch. Für mindestens einen von uns Praktikanten, die zusammen angefangen hatten, zu fantastisch. Er kam aus einem kleinen Dorf in der Eifel. Seine Eltern hatten dort einen EDEKA-Markt und er war zum ersten Mal in seinem Leben in einer großen Stadt – allein, ohne Aufsicht, 20 Jahre jung und den Verführungen der Großstadt nicht gewachsen. Es dauerte nur wenige Wochen, da hatte er so viel Spielschulden angehäuft, dass er sich zusätzlich zum Praktikum einen Job in einer Putzkolonne suchte, die nachts arbeitete, um seine Schulden zu bezahlen. Das ging natürlich nicht lange gut. Er brach wegen Überarbeitung zusammen, unser Ausbildungsleiter erfuhr, warum er zusammengebrochen war, und informierte die Eltern. Das bedeutete das Ende des Praktikums für ihn.

Im *Gästehaus Düsseldorf* schliefen immer zwei junge Leute zusammen in einem Zimmer. Mein Mitbewohner hieß Pater und sah auch so aus. Er kam aus dem Westerwald. Seine theoretischen Fähigkeiten waren eher begrenzt, aber es klappte ganz gut mit uns.

111

Wenn ich mal das Zimmer brauchte, überließ er es mir ohne Murren und Knurren. Kam ja auch nicht so oft vor, weil die, mit der ich es teilen wollte, auch ein Zimmer im Haus hatte. Sie kam aus Franken und hatte ihr Praktikum mit mir zusammen begonnen. Auch ihre Eltern hatten einen EDEKA-Markt zu Hause. Sie hielt sich für eine höhere Tochter und suchte eigentlich nach Männern mit einem Ferrari oder besser, aber meistens suchte sie nur nach solchen Männern und in der Zwischenzeit hatten wir wunderbaren Sex miteinander. Wir waren kein Paar, aber wir paarten uns trotzdem. Wenn sie Lust hatte, fand sie mich häufig in unserem Restaurant im Haus, drückte mir unauffällig ihren Zimmerschlüssel in die Hand oder ließ ihn in meine Tasche gleiten und verschwand. Der Rest ist Schweigen.

Im zweiten Halbjahr bekam ich einen Brief vom *Senator der Stadt Berlin für Jugend und Sport*. Er offerierte mir eine Reise mit einer Senatsdelegation nach Israel – für erfreulich kleines Geld. Übrigens war Geld in Berlin überhaupt kein Problem für mich. Erstens hatte ich kein Auto, den *Mercedes* hatte ich ja verkauft, zweitens fuhr ich die ganze Zeit schwarz mit der U-Bahn und drittens gab es zu dem Gehalt bei der EDEKA noch jeden Monat 600 DM vom Berliner Senat. Damit sollten junge Leute in die Stadt gelockt werden. Viele kamen ja, um sich vor der Bundeswehr zu drücken. Wenn man schon vor der Wehrerfassung in Berlin wohnte, dann musste man nämlich nicht zum Bund. Die Wehrerfassung erfolgte bei mir aber schon, als ich noch 17 war.

Also, eine Reise nach Israel. Da war gerade viel los. Die Israelis hatten den Vier-Tage-Krieg gewonnen und hielten Teile von Syrien besetzt: die *Golanhöhen*. Ich meldete mich also zu der Reise an. Dann bekam ich einen Brief, in dem mir ein Termin für ein Vorbereitungstreffen genannt wurde. Als ich dort war, stellte ich fest, dass ich der einzige normale Mensch dort war. Alle anderen Teilnehmer waren Beamte und sonstige Mitarbeiter des Berliner Senats. Das kam mir komisch vor. Wieso bekam von zwei Millionen Berlinern ich so eine Einladung? Egal, ich fuhr mit und es war, bis da hin, eines der größten Erlebnisse meines Lebens. Ein wunderschönes Land. Wir fuhren von den Golanhöhen über die Quellen des Jordan, den See Genezareth, Haifa, Jaffa, Jerusalem und Hebron bis ans Tote Meer und nach Masada. Uns begegnete natürlich auch die jüngere deutsche Geschichte, in der Art, dass Menschen, die in Deutschland geboren waren und die Vernichtung überlebt hatten, sich weigerten, sich auf Deutsch mit uns zu unterhalten. Einem Wirt, bei dem wir zu Mittag aßen, boten wir an, das veränderte Deutschland doch mal anzuschauen. Seine Antwort war: »Nach allem, was passiert ist? Vater, Mutter, Bruder, Schwester, Onkel und Tante – alle sind von den Deutschen umgebracht worden. Diese Auskunft traf mich ins Mark und ist bis heute für mein Leben prägend. Wenn mir einer mit *brauner Sülze* daherkommt, werde ich sofort gerade, egal wer das ist. Ich habe dafür schon Feiern verlassen, Fahrradtouren geschmissen und *vermeintliche* Freundschaften aufgekündigt.

30 oder mehr Jahre nach der Reise, habe ich immer wieder mal darüber nachgedacht, warum ausgerechnet ich vom Senat der Stadt eine Einladung bekommen hatte. Es gibt nur eine einleuchtende Erklärung dafür: Als ich das erste Mal nach der Bundeswehr von Berlin nach Hause fuhr, fand ich einen Brief von meiner Einheit vor, ich solle in der Kaserne meine Ausrüstung abholen, da ich zur Alarmreserve 1 bestimmt worden wäre. Das sind die Soldaten, die sich bei einer Alarmierung in wenigen Stunden in der Kaserne melden müssen. Ich antwortete auf den Brief, dass ich in meinem Zweitwohnsitz in Berlin wäre und somit mein Gewehr nicht abho-

len könnte. Mit dem nächsten Schreiben wurde ich aus der Alarm-reserve gestrichen. Da wir in unserer Spezialausbildung mit der modernsten Artilleriewaffe der Bundeswehr zu tun hatten, geriet ich vermutlich ins Visier des MAD. Als Westdeutscher konnte ich täglich in die DDR einreisen, 20 DM zwangsumtauschen und mich den ganzen Tag dort aufhalten. Die Reise mit dem Senat war womöglich eine Überwachungs- Maßnahme, um mich besser einschätzen zu können.

Die Reise nach Israel brachte mir auch eine neue Freundin ein. Eine Beamtin hatte ich bis dahin noch nicht. Sie wohnte mit ihrer Mutter in Charlottenburg. Um in ihre Wohnung zu kommen, musste man zuerst über vier Hinterhöfe gehen und dann in den vierten Stock; mit Kohleheizung. Sie hat wegen mir ihren Freund verlassen beziehungsweise leistete ich ihr Hilfestellung dabei, sich zu trennen. Wir hatten eine tolle Zeit zusammen, auch noch nach Berlin.

Als sich mein Praktikumsjahr dem Ende neigte, sprach ich mit Längefeld darüber, was ich tun sollte. Er machte mir ein Angebot, damit ich bei ihm in Berlin bliebe. Das Angebot war gut und ich war bereit, auch wegen meiner Freundin. Der *Spreekauf* war kein Warenhaus der EDEKA-Berlin, sondern er gehörte der EDEKA-Zentrale Hamburg. Die hatte die oberste Leitung des Hauses. Längefeld war erst kurz vor mir ins Haus gekommen. Der Marktleiter davor war mit Getöse rausgeflogen, weil er völlig korrupt war. In seinem Büro stapelten sich die Bestechungsgaben und bei einer spontanen Kontrolle aus Hamburg, durch Revisor Kupferstecher, so hieß er wirklich, flog die Sache auf. Längefeld war hingegen absolut korrekt.

Für Häuser wie den *Spreekauf* ist in Hamburg eigens eine Gesellschaft gegründet worden. Diese hatte zwei Geschäftsführer. Es gab zwar nur den einen Laden, aber es sollten ja mehr werden, die sollten dann allerdings *Neukauf* heißen. Der *Spreekauf* war also das Testmodell für ganz Deutschland. Berlin war auch deshalb gut dafür, weil alle großen Firmen hier ihre Produkte testeten: *Was in Berlin läuft, das läuft überall.* Weihnachten bekamen wir plötzlich Besuch von einem der Geschäftsführer. Das war ungewöhnlich. Normalerweise schickten die immer nur Bereichsleiter zu uns, wie den Revisor. So ein Geschäftsführer kommt natürlich mit dem Flugzeug; es war damals auch sehr mühselig, mit dem Auto durch die DDR zu fahren. Er kam also an, wurde vom Flugplatz abgeholt und zum Geschäft gefahren. Dort sagte er »Guten Tag«, ließ sich eine polnische Weihnachtsgans bringen und flog wieder weg. Das war's. Diese Geschichte ging als der *weihnachtliche Gänseflug* in unsere Firmengeschichte ein.

Meine Prüfung hatte ich bestanden, natürlich als einer der Besten, und bei nächster Gelegenheit suchte ich das Gespräch mit Kupferstecher, um ihm zu sagen, dass ich im Spreekauf bliebe. Da hatte ich die Rechnung allerdings ohne Herrn Kupferstecher gemacht. Der sagte mir, man hätte Pläne mit mir. Auf die Pläne war ich natürlich sehr gespannt. Sehr weit in die Zukunft ging die Perspektive nicht, aber ich müsse auf jeden Fall nach Hamburg in die Zentrale kommen. Dort würde man eine kleine Wohnung für mich besorgen und die EDEKA-interne Ausbildung fortsetzen. Kupferstecher meinte, *ich hätte doch den Marschallstab schon im Tornister.*

Aus dieser Ausbildung wurden nur drei Monate in Hamburg. Man teilte mir mit, dass der große Plan jetzt weiterverfolgt würde und das nächste Warenhaus in Wangen im Allgäu bald eröffnet werde. Ich wurde gebeten, für kurze Zeit dorthin zu gehen, um die Kassenaufsicht einzuarbeiten. Schon kurze Zeit später traf ich in Wangen ein, bezog ein kleines Zimmer unterm Dach und schaute mir meinen neuen Arbeitsplatz an: ein nagelneues zweistöckiges

Warenhaus mit einer Rolltreppe. Noch wochenlang nach der Eröffnung musste jemand an dieser Rolltreppe stehen und den Allgäuern erklären, wie das Rolltreppefahren funktionierte, denn es spielten sich manchmal selbstmörderische Szenen darauf ab.

Ich war also nun in Wangen. Von Berlin, über Hamburg nach Wangen. Und das sollte ein Aufstieg sein? Na ja, die Bezahlung war gut, Spesen und ein paar Privilegien gab es auch und es sollte ja nur für kurze Zeit sein. Das änderte sich aber schneller als gedacht, denn man stellte fest, dass der Leiter der Lebensmittelabteilung seinen Laden nicht im Griff hatte: Überbestände an Waren, die zu alt wurden, Sortimentslücken bei Waren, die stark gefragt waren, Personalquerelen ... Also: Wer hatte schon mal eine Lebensmittelabteilung geleitet? Ich natürlich. Daher wurde ich der neue Food-Abteilungsleiter. Das sah jetzt alles schon ein bisschen nach länger Bleiben aus.

Aber auch den Job machte ich nur wenige Monate. Der bisherige Marktleiter stieg auf in die örtliche Zentrale, weil weiter expandiert werden sollte, und wer konnte Marktleiter? Ich nicht, sollte ich aber machen. Also wurde ich mit 23 Jahren Marktleiter des größten Warenhauses weit und breit. Mein Geschäftsführer versprach mir Hilfe in allen Lebenslagen und trotz großer Zweifel sagte ich zu. Es klappte so einigermaßen. Ich hatte eine gute Hilfe durch den Leiter der Non-Food-Abteilung und es gab einen neuen Food-Leiter. Den hatte der Geschäftsführer selber eingestellt. Die Führungsmannschaft bestand also aus drei Leitungspersonen plus Kassenaufsicht und Warenannahme-Leiter. Insgesamt waren wir rund 50 Mitarbeiter.

Eines Tages kam die Kassenaufsicht ganz aufgeregt angelaufen und berichtete, bei ihr sei eine Geldkassette mit 15.000 DM verschwunden. Die Kassenaufsicht hatte in unregelmäßigen Abständen

Geld aus den Kassen abzuschöpfen, damit die Bestände darin nicht zu hoch wurden, aus versicherungstechnischen Gründen. Dieses Geld hat sie in eine Geldkassette zu packen und unverzüglich bei der Volksbank, die eine Filiale im Haus hatte, einzuwerfen. Das hatte sie nicht gemacht, sondern die fertige Kassette auf ihrer abschließbaren Aufsichtstribüne liegenlassen und etwas anderes erledigt. Jetzt war sie weg, die Geldkassette. Eigentlich konnte niemand dort heran, wenn die Tür abgeschlossen war. Die Kassenaufsicht, eine Frau in den Fünfzigern, war völlig verzweifelt und bat mich, sofort – Achtung, jetzt kommts – zum *Ochsenreiter* fahren zu dürfen, wie man das dort nannte. Der Mann war ein *Seher* und je frischer die Spur, desto mehr konnte er *sehen*. Na ja, wir waren ja im Allgäu, recht ländlich, um es freundlich auszudrücken. Ich war auch verzweifelt, also erteilte ihr die Erlaubnis. In der Zwischenzeit rief ich den Geschäftsführer an, der kam natürlich sofort ins Haus, trommelte alle zusammen und machte eine Besprechung. Wo die Kassenaufsicht sei, wollte er wissen. »Beim Ochsenreiter«, meinte ich. »Wo ist die?«, schnaubte er. Ich dachte, der geht durch die Decke. Die Polizei wurde gerufen und alles hin und her überprüft, aber das Geld blieb verschwunden.

In der Vollgezeit verschwand immer wieder mal was – bis der Non-Food-Leiter einmal von der Mittagspause zurückkam und ein Fernseher fehlte. Er fragte an allen Kassen nach, wer den Fernseher kassiert habe, aber niemand wusste etwas davon. Jetzt waren wir natürlich hellwach. Eine Mitarbeiterin hatte gesehen, wie der Food-Leiter einen Fernseher aus dem Haus brachte, als wir in der Pause waren. Eine Führungskraft wird ja nicht gefragt, was sie da macht, also ist er unbehelligt damit aus dem Haus marschiert. Wir riefen den Geschäftsführer an, der die Polizei und wir erwirkten eine Hausdurchsuchung bei dem Food-Leiter. In dessen Wohnung fielen uns fast die Augen aus dem Kopf: Alles, was wir zu verkaufen hatten, war dort in großen Mengen zu finden: Skier, Stereoanlagen, Werkzeugkästen und natürlich der Fernseher. Der Mann wurde sofort entlassen und die Nachforschungen zum verschwundenen Geld auf ihn konzentriert. Dann kam der entscheidende Durchbruch: Der Mann hatte vor kurzem Schulden in Höhe von knapp 15.000 DM beglichen. Jetzt hatten wir ihn. – Dachten wir. Auf Nachfrage, woher das Geld stammte, gab ihm sein Bruder ein Alibi, er hätte es ihm geliehen. Im weiteren Verlauf der Ermittlungen kamen aber noch andere Straftaten zum Vorschein. Zum Beispiel hatte der Mann in einem Verein Kinderfreizeiten organisieren sollen und dann die Vorauszahlungen veruntreut. Für die 15.000 DM konnte er aber trotzdem nicht belangt werden, obwohl wir zwischenzeitlich sogar wussten, wie er an die Geldkassette gekommen war. Es blieb die Frage, wer für den Schaden aufkommen musste. Das blieb letztendlich an der Kassenaufsicht hängen, weil sie gegen ihre Arbeitsrichtlinien verstoßen hatte. Sie musste die 15.000 DM bezahlen. Der *Ochsenreiter* hatte der Kassenaufsicht übrigens gesagt, der Täter sei einer von den Chefs.

Ein weiterer Vorfall aus dieser Zeit war, dass ich aus einem kleinen Fenster in meinem Büro, das mich die Non-Food-Abteilung überblicken ließ, beobachtete, wie eine Mutter mit ihrem etwa zehn Jahre alten Sohn in der Spielzeugabteilung Sachen stahl. Dazu nahm sie Spielzeug aus dem Regal und packte es ihrem Sohn in die Kapuze seines Parkers. Dann marschierten sie durch die Kasse und wollten das Geschäft verlassen. Dort warteten wir allerdings schon und nahmen sie in Empfang, schließlich stand überall im Laden groß und breit: *Jeder Diebstahl wird zur Anzeige gebracht.* Bei der anschließenden ersten Befragung stellte sich heraus, dass es sich um die Ehefrau und den Sohn eines hohen Beamten aus Wangen handelte, sogar um einen der höchsten Beamten der Stadt. Gegen jedes Gerechtigkeitsgefühl meinerseits verfügte der Geschäftsführer, dass dieser Diebstahl nicht angezeigt würde. So funktioniert die Welt nun mal und vermutlich auch heute noch. Damit hatte der *Neukauf* einen *gut* bei der Stadt Wangen. Diese und einige weitere Vorfälle brachten mich an den Rand eines Nervenzusammenbruchs und ich begab mich in ärztliche Behandlung. Ich sagte dem Geschäftsführer, dass ich den Job nicht weitermachen könne und kündigen wolle. Er nahm meine Kündigung nicht an, sondern versetzte mich in den Markt nach Lindau.

Der lief schon lange ruhig vor sich hin. Es war zuvor ein *P&Q*-Geschäft und war vom *Neukauf* übernommen worden. Dort verbrachte ich den Rest meiner Zeit bei der EDEKA, noch gut zwei Jahre. Aber dass da gar nichts passierte, kann man auch nicht sagen. Eines Tages kam unser Metzgermeister in mein Büro gestürmt und sagte:»Ich habe gerade eine Kundin wiedererkannt, die vor Monaten ein großes Fleischpaket bei mir geholt hat, das aber nie an der Kasse abkassiert wurde.« So etwas kann man durch die Bons der Anweisungskasse in der Fleischabteilung überprüfen. Er zeigte mir die Frau und wir legten uns auf die Lauer, um zu sehen, was sie machen würde. Sie erreichte die Kasse mit einem Einkaufswagen, in dem nur wenige Teile lagen. Der Kassierer, ein Mann von nur 1,55 Meter Körpergröße, den der *Neukauf* von *P&Q* übernommen hatte, kassierte und die Dame ging weiter – zu einem anderen Einkaufswagen, der bis oben hin voll war. Sie sagte zu dem Kassierer:»Das haben wir ja eben schon gebongt«, und wollte den Laden verlassen. Am Ausgang hielten wir sie auf. Sehr freundlich, weil wir ja eigentlich nichts gegen sie in der Hand hatten. Wir sagten, das sei eine Routinekontrolle, bei der von Zeit zu Zeit die Zuverlässigkeit unserer Mitarbeiter überprüft werde. Ob wir bitte einmal ihren Bon sehen könnten. Jetzt stellte sich heraus, dass die Ware in dem vollen Wagen überhaupt nicht gebongt war. In ihrer blödsinnigen Gier waren Teile in dem anderen Wagen mit Beträgen, die nur einen Bruchteil des eigentlichen Preises ausmachten, gebongt worden. Sofort war klar, dass der Kassierer und die Kundin gemeinsame Sache machten. Die Überprüfung, die uns alle überraschte, ergab, dass das Mutter und Sohn waren. Der Kassierer kam aus einem Ort in 15 Kilometer Entfernung und niemand kannte seine Mutter. Der Trick war nun folgender: Die Mutter wusste um die Einsatzpläne an den Kassen durch ihren Sohn Bescheid. Sie teilte sich ihre Einkaufszeit so ein, dass sie vor dem Schichtwechsel an einer der Kasse ihren vollen Wagen abstellte. Der Kassiererin sagte sie, dass sie noch einen zweiten Wagen brauche, um die angeblichen Reste zu holen. Wenn sie mit dem zweiten Wagen wieder an die Kasse kam, hatte das Personal gewechselt. Sie ging dann zu ihrem Sohn, der jetzt seinen Dienst begonnen hatte, zahlte die paar Teile im zweiten Wagen und sagte laut: »Das andere haben wir ja vorhin schon gebongt«, und zog mit beiden Wagen ab. Dieser Trick funktionierte offensichtlich seit vielen Jahren. Bei der anschließenden Hausdurchsuchung der beiden wurden Warenbestände gefunden, die einem mittleren Lebensmittelgeschäft zur Ehre gereicht hätten. Mengen, die die beiden Personen ihr ganzes Leben lang nicht verbrauchen konnten; Waschpulver, Zahnpasta, Seife und lange haltbare Lebensmittel in unglaublichen Mengen. Jeder Winkel des Hauses war mit Waren vollgestopft. Unter den Dachschrägen standen Mengen von Koffern, wofür auch immer. Das wussten sie sicher selber nicht, denn die beiden waren ihr Leben lang noch nie verreist. Und was uns natürlich besonders freute: Viele Artikel wiesen noch Preisschilder von *P&Q* auf. Welche Strafen so etwas nach sich zog, weiß ich nicht mehr, aber wohl eher Klapse als Knast.

Aber im Allgäu gab es auch noch etwas anderes als Arbeit. Einmal wurde ich über Wochen hinweg gestalkt. Eine junge Frau bombardierte mich mit Anrufen, schrieb mir Briefe und erzählte mir am Telefon, wo ich war und was ich gemacht hatte, ohne dass ich wusste, wie sie aussah. Als sie dann merkte, dass ich mich um ein anderes Mädchen bemühte, fing sie an, mich zu beschimpfen. Schließlich gab sie auf.

Das andere Mädchen hieß Tania. Sie sah toll aus und hatte einen wunderbar aufregenden Körper, aber sie war in der Rauschgiftszene gewesen und ihr drohte eine Gefängnisstrafe, weil sie Rezepte geklaut und gefälscht hatte, um an Rauschmittel zu kommen. Mit Tania sollte es etwas Festes werden. Sie zog bei mir ein. Ich hatte jetzt ein 35-Quadratmeteappartement im sechsten Stock eines Hochhauses, direkt gegenüber vom *Neukauf*. Im zehnten wohnte Bernd, zu der Zeit mein bester Freund und Leiter des Rechnungswesens in unserer Zentrale. Inzwischen gab es schon vier *Neukauf*-Häuser in der Umgebung.

Auch Bernd war ein ehemaliger Praktikant. Er war eine total rote Socke. Früher, zu Hause im Ruhrgebiet, war er Juso-Vorsitzender in seiner Stadt. Das ganz Rote hatte er ein wenig abgelegt, dazu verdiente er jetzt zu viel, aber Bernd hatte auch eine unglaubliche Allgemeinbildung. Sein Spruch war immer: »Wenn du irgendetwas wissen willst, darfst du mich ruhig fragen.« Oder er gab irgendwelche lateinischen Sprüche von sich und sagte dazu: »Wie wir Lateiner sagen.« Und das, ohne jemals Latein gehabt zu haben, das hatte er sich selber angeeignet. Er ist in Wangen geblieben und hat dort geheiratet. Weil seine Frau sehr gläubig war, wurde aus dem radikalen Atheisten ein Laienprediger der örtlichen kleinen evangelischen Gemeinde. Das Leben ist sich halt für keine Überraschung zu schade.

Mit Tania hatte ich ein paar Vereinbarungen getroffen: Sie durfte bei mir einziehen, wenn sie die Schule fertigmachte. Die hatte sie zu ihrer Drogenzeit abgebrochen. Und sie musste clean bleiben. Das ging auch über ein Jahr lang gut. Dann besuchte sie die Schule nur noch unregelmäßig und traf sich auch schon mal wieder mit alten Drogenfreunden. Meine Drohung, dass ich mich dann trennen würde, half zu der Zeit noch, weil sie noch auf Bewährung war, denn nur die feste Beziehung und die Tatsache, dass die Frau des Amtsrichters bei uns im *Neukauf* beschäftigt war, hatten sie vor dem Gefängnis bewahrt. Nach Ablauf der Bewährung warf sie die Schule dann hin und musste bei mir ausziehen. Wir sahen uns noch unregelmäßig, aber ein Paar mit Zukunft waren wir nicht mehr.

Der Sex mit Tania war ein wenig anders. Erst einmal habe ich mir eine Gelbsucht bei ihr eingefangen, was mir drei Wochen Quarantäne im Krankenhaus und lebenslange Hepatitis einbrachte. Man konnte wunderbar mit ihr schmusen, aber wenn man in die Nähe ihres Intimbereichs kam, dann wurde sie seltsam abweisend. Nicht dass wir keinen guten Sex gehabt hätten, aber ich hatte immer das Gefühl, dass da ein gewisses Misstrauen bei ihr überwunden werden musste. Ansonsten hatte sie ständig eine gewisse Todessehnsucht. Oft stand sie nachts auf und ging auf den Balkon. Dort stand sie dann und schaute die sechs Stockwerke tief runter. Einige Male habe ich sie gefragt, warum sie das machte, aber ich bekam nur vage Antworten.

Ungefähr ein Jahr nach unserer Trennung verließ ich das Allgäu. Einige Monate später bekam ich dann einen Anruf von Tania, bei dem sie sich erkundigte, wie es mir ginge und was ich so mache. Ich erzählte ihr, dass ich gerade geheiratet hätte. Zwei Wochen später rief mich Tanias Mutter an und berichtet mir vom Tod ihrer

Tochter. Sie hatte sich von einem Hochhaus in den Tod gestürzt. Sie wurde nur 24 Jahre alt. Es war ein Hilferuf, den ich nicht erkannt hatte. Aber wirklich helfen hätte ich ihr nicht können.

Nach der Trennung von Tania musste ich mich ja neu orientieren. Das lief nicht immer sehr erfolgreich, auch weil ich sehr viele Stunden gearbeitet habe. Um mal wieder erfolgreich mit Mädchen ins Gespräch zu kommen, buchte ich mit meinem Kumpel Paul aus Dortmund einen Urlaub in einem *Club 33* in Tunesien – Nur für Leute bis 33 Jahre. In dem Urlaub feierte ich meinen fünfundzwanzigsten Geburtstag. Bei dem Trip war alles schlecht: die Unterbringung, die Duschen, das Essen, das Wetter. Alles mies. Aber die Sache mit den Mädchen war einfach toll. Meine Urlaubs-Abschnitts-Begleiterin hatte sich beim Sprung in den Pool das Bein verletzt und konnte nicht laufen. Da haben wir sie am Abend mitsamt ihrem Bett in die Disco getragen, damit sie mitfeiern konnte. Paul hatte eine sehr nette Bekanntschaft gemacht. Der Animateur, ein Holländer, sagte, am Abend dürfe jeder, der wolle und könne, in der Disco etwas vormachen. Paul sagte, er könne mit seiner Freundin zehnmal nacheinander, ob er das vormachen dürfe. Am Nachmittag wurde Paul von dem Animateur gesucht. Ich sagte: »Der ist in seinem Zimmer und übt für heute Abend.« So ging es zu im *Club 33*. Ich glaube nicht, dass es heute Ähnliches gibt. Eine Beziehung mit einem Mädchen ergab der Urlaub aber nicht für mich. Auch bei Paul hielt es nicht lange.

Als Ersatz für eine Beziehung kaufte ich mir später in dem Jahr einen Hund, einen Zwergdackel. Ich nannte ihn *Schnulli*, warum auch immer. Ich nahm ihn täglich mit zur Arbeit. Während meiner Spaziergänge in der Mittagspause tauchte er nach Steinen, die ich an flachen Stellen in den Bodensee warf. Schnulli endete leider tragisch, aber dazu später mehr.

Was machten meine Autos? In Berlin hatte ich anfangs ja keins, es ging auch wunderbar ohne. Als ich dann wusste, dass ich nach Hamburg gehen würde, kaufte ich mir einen *VW Karman Giha 34* für kleines Geld. Den Wagen hatte vorher ein Polizist gefahren. Der sagte mir, ich solle gut aufpassen, das sei ein *schneller Hirsch*. Als ich ihn dann das erste Mal auf der Autobahn fuhr, zeigte der Tacho tatsächlich eine Höchstgeschwindigkeit von 170 km/h. *Ja*, dachte ich, *das ist ja ganz in Ordnung.* Allerdings wollte ich dann mit meiner Höchstgeschwindigkeit einen *VW Käfer* überholen und kam ihm aber gar nicht wirklich näher. Da ich wusste, dass so ein Käfer vielleicht 130 km/h schafft oder 140, konnte ja wohl mit meinem Auto etwas nicht stimmen. Das bestätigte sich dann auch immer wieder:

Ich fuhr dann mit dem *Karman* ins Allgäu. Da ich direkt am Arbeitsplatz mein erstes Zimmer hatte, benutzte ich ihn selten. Als es Winter wurde, gar nicht mehr. Irgendwann hat ein Schneeschieber mein Auto am Straßenrand so mit Schnee zugeschüttet, das nur noch ein kleiner roter Streifen zu sehen war und die Kinder mit ihrem Schlitten darauf herum rutschten. Als ich mal wieder fahren wollte, brauchte ich Hammer und Meißel, um ihn freizubekommen, denn aus dem Schnee war Eis geworden.

Danach verkaufte ich ihn und holte mir einen *BMW 2000 in* Taubenblau. Ein tolles Auto. Diese *BMWs* hatten die Macke, dass ihnen die Federbeinaufhängungen abrosteten. Das passierte bei meinem nicht, dafür riss später die Kurbelwelle ab. Aber bis dahin habe ich dieses Auto sehr geliebt. Die herrlichen Cordsitzbezüge in dunkel Blau, das metallische Klicken beim Schalten ... Und dann auf der Autobahn, wenn man nach kurzem Rollen ohne Gas zu geben wieder Gas gab, war die ganze Bahn hinter einem in blauen Dunst gehüllt. Das war ein Spaß!

Nach dem *BMW* holte ich mir einen *VW Porsche 2,0* in Gelb-grün. Ein super Auto. Er war innen etwas spartanisch, aber die Straßenlage war ein Traum. Die Berge rauf nach Immenstadt ließ ich damit sogar einen *911er* stehen. Und der Tacho ging scheinbar auch sehr genau: Höchstgeschwindigkeit 195 km/h. Aber dann überholte mich kaum noch jemand. Mit diesem Auto machte ich auch mit Tania meine Ausflüge. Der Sommer 1976 war so super, dass ich morgens mit offenem Dach zur Arbeit nach Lindau fuhr, den Wagen den ganzen Tag offenließ und abends wieder offen nach Hause fuhr. Das war mir so zur Gewohnheit geworden, dass ich ihn auch eines Abends offen vor dem Haus stehen ließ. Ich hatte offensichtlich etwas Interessantes zu tun, dass mir nicht einfiel, das Wagendach zu schließen, als ein heftiges Gewitter losging. Als ich zum Auto runterlief und ins offene Auto reinschaute, standen die Schalensitze schon voll mit Wasser. Mit hektisch geschlossenem Dach ließ ich ihn dann draußen stehen. Als ich am anderen Morgen losfahren wollte, waren die Scheiben von innen so beschlagen, dass man nichts sehen konnte. Ich wischte es weg und eine Minute später war wieder alles dicht. Das ging dann eine ganze Zeit lang so, bis alles Wasser aus dem Innenraum verdunstet war.

Ein weiterer Praktikanten-Kollege war eine Zeit lang der neue Food-Leiter im *Neukauf* in Wangen, aber er wollte zurück in seine Heimat und wir feierten einen zünftigen Abschied. Wie sich später herausstellte, mit zu viel *Jägermeister*. Mir wurde in der Nacht spei-übel und anstatt die vier Schritte zur Toilette zu gehen, rannte ich zum Kotzen auf den Balkon. Am Sonntagmorgen klingelte der Hausmeister an meiner Tür. Ich hatte noch Mühe, mich dort hinzu-schleppen. Er fragte, ob es sein könne, dass in der Nacht jemand von meinem Balkon gekotzt hätte, was ich natürlich energisch verneinte. Dann bat er mich, mir das Haus doch mal von außen anzuschauen, dann könnte ich nämlich an den Balkonen sehr gut sehen, wo die Kotzspur losgeht. Es war ein grauenhafter und sehr ernüchternder Anblick. Dann bat er mich, die Spuren bitte schnellstens zu beseitigen. Das war der Härtefall überhaupt. Ich fing im fünften Stock an, an den Türen zu klingen: »Guten Tag, ich bin derjenige, der auf ihren Balkon gekotzt hat. Darf ich das eben wegmachen?« Es war *der* Gang nach Canossa schlechthin. Das Einzige, was die Schmach etwas abmilderte, war der Restalkohol, den ich noch intus hatte.

Was ich im Allgäu auch lernen musste, waren die geänderten Karnevalsbräuche. Erstens hieß es *Fasching* und zweitens wurde nicht der Rosenmontag, sondern der Faschingsdienstag ausgelassen gefeiert. Als ich das in Lindau das erste Mal erlebte, sagten mir die Mitarbeiter: »Ab Mittag ist geschlossen.« Ich: »Wie bitte? Das werden wir ja mal sehen.« Und die Mitarbeiter sagten: »Ja, das werden Sie sehen.« Und … ich sah es ein. Ich konnte ja den Laden schlecht alleine offenlassen. Außerdem wäre eh keiner einkaufen gekommen. Es wurde eine Kinderbadewanne voll Bowle angesetzt und schon ab der Frühstückspause kräftig davon getrunken. Später wurden alle Mitarbeiter auf der Ladefläche eines EDEKA-Lkws auf die Insel transportiert, um dort weiterzufeiern. Bei den Feierlichkeiten bin ich mehrfach zum Opfer sexueller Übergriffe vonseiten der älteren weiblichen Belegschaft geworden, nach dem Motto: *Lass doch der Mutter von drei Kindern auch mal ein bisschen Freude.* Wenn Fasching vorbei war, gingen sie in die Kirche beichten und der Fall war erledigt.

Bei Inventurarbeiten in Lindau, zu der immer Hilfskräfte hinzugezogen wurden, lernte ich die Nichte einer Mitarbeiterin kennen. Ein unglaublich hübsches Mädchen von 17 Jahren. Ich fragte sie, ob wir mal zusammen zum Skilaufen fahren wollten. Sie sagte Ja, aber ich müsse mich erst bei ihren Eltern vorstellen. Sie wohnten gleich hinter der Grenze, in Österreich. Die Vorstellung verlief erfolgreich und wir durften zusammen zum Ski laufen fahren. Dazu kam es aber nicht. Wir hatten uns so viel zu erzählen, dass wir das Auto kaum verlassen haben. Sie erzählte mir, dass sie sehr, sehr, gläubig sei. Die größte moralische Instanz sei für sie der Dorfpfarrer. Ich war wie vom Donner gerührt. Wie kann jemand sein Denken und Handeln vom Wohlwollen eines Dorfpfarrers abhängig machen? Wenn ich dem Mädel meine ganze Meinung dazu gesagt hätte, hätte ich möglicherweise ihr Weltbild ins Wanken gebracht. Ich entschied mich also schweren Herzens dazu, sie am Abend wohlbehalten zu Hause abzuliefern und auf weitere Kontakte zu verzichten. So ein feines Mädchen in den Klauen der katholischen Kirche zu wissen, tat schon weh. Der Dorfpfarrer hätte nämlich auch ihre Unschuld von ihr verlangen können und bekommen. Ich wollte aber nicht derjenige sein, der ihre heile Welt zerstörte.

Ansonsten musste ich von den Allgäuer Mädchen noch einen Satz lernen und der lautet: *Noi, i gang alläu heum.* (Nein, ich gehe alleine nach Hause.)

Eine Bürohilfskraft kündigte, nachdem wir Unregelmäßigkeiten mit Essensmarken bei ihr festgestellt hatten und ihr die Kündigung nahegelegt hatten. Sie begann daraufhin in einer Bar zu arbeiten. Bernd und ich wollten sie dort aufsuchen, aber sie ließ sich verleugnen, als sie sah, wer da in die Bar kam. Wir haben es dann nicht wieder versucht.

Und nun kommen wir zu der Frage: *Warum habe ich eine Firma, in der mir vieles offenstand und in der ich als sehr junger Mensch schon sehr gut verdient habe, verlassen?*

Das war so: Wir hatten im Haus in Lindau einen Bäcker. Der hatte vor dem Ausgang einen eigenen Shop. Er zahlte uns eine Miete und durfte dafür seine Einnahmen behalten. In Wangen hatten wir so etwas nicht. Dort war an der Stelle ein *Foto-Porst*-Shop, der aber auch von uns betrieben wurde. Der Bäcker in Lindau machte dort tolle Umsätze und zahlte eine kleine Miete. Je länger ich das beobachtete, desto häufiger kam mir der Gedanke, dass das auch zu Hause ein gutes Geschäftsmodell sein könnte. Dort belieferte mein Vater nach wie vor Lebensmittelgeschäfte und Discounter und bekam für seine Ware schlechte Preise. Bei einem der seltenen Telefongespräche mit meinem Vater erzählte ich ihm von dem Geschäftsmodell, das für mich ganz neu war. Später stellte sich aber heraus, dass es in unserer Gegend durchaus schon häufiger vorzufinden war. Auf jeden Fall sprachen mein Vater und ich miteinander und irgendwann kamen wir an den Punkt, wo eine Entscheidung getroffen wurde: Ja, ich würde nach Hause kommen und die Bäckerei führen. Dazu musste ich beim *Neukauf* kündigen.

Ich hatte sechs Monate Kündigungsfrist. In dieser Zeit habe ich meinen Nachfolger, der schon die ganze Zeit mein Stellvertreter war, eingearbeitet. Das verlief alles sehr entspannt.

In den letzten Wochen meiner Tätigkeit beim Neukauf bekam ich noch einmal eine neue Aufgabe. Ein neuer, relativ kleiner Markt, der seit einigen Wochen eröffnet war, lief sehr schlecht. Der Marktleiter wurde entlassen und da in Lindau alles ruhig lief, wurde ich gebeten, für die letzten paar Wochen die Leitung dort zu übernehmen und den neuen Marktleiter einzuarbeiten. Ich hatte als Erstes eine Inventur durchzuführen, weil sich große Differenzen zeigten. Danach habe ich für einige Wochen die Werbemaßnahmen in dem Markt verändert. Wir lagen völlig falsch im Preis-Wettbewerb. Eine entscheidende Verbesserung brachte die Werbung für einen *Einkaufsroller*: eine Tasche mit Rädern und Bügel zum Ziehen, denn der Markt lag direkt unten an einem Hügel und die alten Leute konnten ihren Einkauf nicht den Berg rauftragen. Das brachte tatsächlich neue Kunden. Aber die größte Überraschung sollte noch kommen: Der neue Marktleiter, den ich einarbeiten sollte, war kein geringerer als der dumme Schnösel aus Berlin, der sich monatelang als Vorgesetzter aufgespielt hatte, bis ich ihn endlich duzen durfte. Den hatte ich ja nun schon einige Karrierestufen hinter mir gelassen. Und der wurde nun Marktleiter in dieser kleinen Klitsche. Das war eine große Genugtuung für mich.

Der Abschied aus dem Allgäu fiel mir nicht schwer. Ich habe mich dort immer als *Rucksack-Allgäuer* gefühlt. Alles so katholisch; im Eintopf immer Kümmel. Und Leberkäse mochte ich auch nicht. Also, auf in ein neues Abenteuer. Das größte meines Lebens.

Als ich zu Hause anfing, war ich 25 Jahre alt. Wegen Resturlaub konnte ich sechs Wochen früher gehen. Ich begann sofort damit, einen Standort in der Stadt, der Jahre lang anderweitig untervermietet war, zu einer Filiale für uns umzubauen. Noch vor Weihnachten, am 19. Dezember 1976 konnte der Laden eröffnet werden, im März des darauffolgenden Jahres der nächste und im September der dritte. Zum Ende des Jahres 1977 beendeten wir die Belieferung des einzigen verbliebenen Kunden, einem Discounter mit fünf oder sechs Filialen. Der hatte eine so hohe Jahresrückvergütung von meinem Vater erpresst, dass der gesamte Gewinn des Geschäftsjahres 1977 dafür draufging. Jetzt hatten wir also nur noch eigene Filialen und brauchten dringend weitere, damit wir über die Runden kamen.

Wir holten uns betriebswirtschaftliche Hilfe beim Verband. Der Berater, der kam, riet mir, den Laden schnellstens zu schließen. Der Investitionsstau sei zu groß, das könnte ich nicht leisten. Das sah ich allerdings anders und machte weiter. Viele Jahre später wurde ich übrigens quasi der Vorgesetzte des Beraters, als ich im Landes-innungsvorstand mitarbeitete. Auch eine große Genugtuung.

Ich wollte unbedingt eine ordentliche Filialabrechnung aufbauen. Dazu brauchte ich den ersten Computer, den es für Betriebe wie den unseren gab: einen *Nixdorf 8820*. Der kostete 56.000 DM und war so groß wie ein ganzer Schreibtisch. Er konnte nur Lieferscheine und Monatsabrechnungen, sonst nichts. Zur Finanzierung des Gerätes musste eine Kreditversicherung abgeschlossen werden, die im Jahr 2000 DM Beitrag kostete – nur die Versicherung. Die Zinsen waren zu der Zeit auch sehr hoch und kamen noch dazu, ganz zu schweigen von den Tilgungsraten. Öfen hatten wir nur die zwei alten *Senking*-Ausziehöfen und einen Ofen, der noch mit Schiebern bestückt werden musste. Da passten 210 Graubrote à drei Pfund rein, die zu je drei Stück mit einem Schieber reingeschoben werden mussten. Das konnte nur mein Vater ordentlich machen, später dann natürlich ich. Dann gab es noch einen stillgelegten Ofen, der sehr reparaturbedürf-tig war und erst einmal stillgelegt blieb.

Wir konnten einen Bäckermeister, der früher schon bei uns ge-wesen war, wieder einstellen und so kam das Filialgeschäft immer mehr in Schwung. Weitere kamen hinzu und so war der Verlust des Liefergeschäfts zu verkraften. Ein wichtiger Punkt für unsere Ent-wicklung war zu der Zeit die Zusammenarbeit mit der Kaffeemarke *Tchibo*. Es gab Garantiegebiete, in denen niemand anderes den Kaf-fee anbieten durfte. So schafften wir uns ein *Tchibo-Mobil* an, mit dem wir in einem festgelegten Gebiet unsere Backwaren und *Tchi-bo*-Kaffee verkaufen durften. Mit diesem Mobil fuhr ich täglich eine Tour in verschiedenen Bereichen in unserer Gegend. Die Tour, die ich mittwochs und samstags fuhr, entwickelte sich so gut, dass samstags gar nicht alle Ware in das Auto passte und wir einen fe-sten Punkt zum Nachladen vereinbarten. Im Winter hielt ich zum

Schluss immer am zugefrorenen Moorteich. Die Schlittschuhläufer rissen mir fast die restlichen Kuchenstückchen aus den Händen.

Ich musste zwar drei Schichten am Tag arbeiten, aber endlich wurde Geld verdient und die geschäftliche Entwicklung konnte vorangehen. Mein Vater war in der ersten Zeit aktiv mit dabei, als Hilfe in der Produktion und als Ratgeber und Inhaber. Ich fungierte als Geschäftsführer, traf eigene Entscheidungen, sprach aber alles mit ihm ab.

Was, geschah in der Zwischenzeit sonst noch? Also, ich kam ja mit meinem *VW Porsche* zurück nach Hause. Zur gleichen Zeit hatten zwei Freunde von mir das gleiche Auto, sodass wir häufig zusammen auftraten. Einmal betraten wir eine angesagte Kneipe und an der Theke begrüßte uns einer mit den Worten: »Da kommen die drei mit den Matchboxautos.« Das waren die beleidigten mit den richtigen *Porsche 911ern*, die wir in den Kurven stehen ließen. Aber das konnte man gut aushalten.

Ich war ständig auf der Suche nach *Miss Right*, dabei geriet ich an die eine oder andere interessante Erfahrung. Der Höhepunkt in dieser Zeit war zweifellos, dass sich drei Mädchen ziemlich zeitgleich als von mir schwanger bei mir meldeten. In einem Fall wusste ich ganz sicher, dass außer Küssen und dem beliebten Petting nichts passiert war. Der andere Fall war schon schwieriger, aber letztlich auch nur eine Luftnummer und den dritten Fall habe ich geheiratet. Sie hat mir nicht selber von ihrer Schwangerschaft erzählt, sondern eine Freundin vorgeschickt, auf meine energische Nachfrage hin aber eine Schwangerschaft nicht bestritten. Ich habe in diesem Zusammenhang, wohl die größte Sünde meines Lebens begangen, indem ich einen Schwangerschaftsabbruch vorgeschlagen habe, den meine spätere Frau zum Glück kategorisch ablehnte.

Mit dieser Nachricht bin ich dann zu meiner Mutter gegangen. Ihre Reaktion hat den weiteren Verlauf der Dinge klar vorbestimmt. Sie sagte: »Du wirst das Mädchen ja wohl nicht sitzen lassen.« Damit war alles besprochen. Nachdem ich die Dinge akzeptiert hatte, wie sie waren, haben wir natürlich keine weiteren Maßnahmen der Verhütung mehr eingehalten und es wurde ein Termin für die Hochzeit gesucht. Meinem Vater erzählte ich die Neuigkeiten in der Backstube beim Sauerteigmachen. Er fragte mich: » Liebst du die Frau?« Ich sagte: »Sie ist ein nettes Mädchen, das wird schon werden. Und wenn nicht, dann lasse ich mich halt nach fünfzehn Jahren wieder scheiden, wenn die Kinder groß genug sind.« Man achte auf die Feinheit: Ich sprach von *Kindern*. Plural. Na ja. Und jetzt der zweite unglaubliche Fall: An unserem fünfzehnten Hochzeitstag habe ich ihr dann gesagt, dass ich mich von ihr trennen werde.

Am 19. August 1977 wurde geheiratet. – Die Nachricht von der Schwangerschaft hatte ich am Dienstag nach Ostern erhalten. Unsere Tochter wurde am 7. Januar 1979 geboren – und nicht verspätet entbunden! Sonst wäre sie mit einer wächsernen Schicht überzogen gewesen, das war sie aber nicht. Als der leitende Arzt mir das alles erzählte, spielte es aber keine Rolle mehr für mich. Es war wie es war und es gab nichts zu beklagen, auch Väter werden von Hormonen gelenkt. Und so konnte ich das Wunder des neuen Lebens in unserer Mitte von Herzen genießen.

Es gab ja auch noch andere Dinge, die ich begonnen hatte im privaten Bereich. Zum Beispiel hatte ich begonnen, meine privat Pilotenlizenz zu erwerben. Auf dem nahe gelegenen Kleinflugplatz trat ich in den Klub ein und begann mit Flugstunden. Mein erster Fluglehrer, ein Bayer, bemühte sich als Erstes, mir den Wunsch zur Pilotenlizenz auszutreiben. Er machte mit mir einen Rundflug, bei dem er alles tat, um mich zum Kotzen zu bringen: Steilflüge, bis die Überziehwarnung anging. Das ist ein sehr hässliches heulendes Warngeräusch, dass dem Piloten signalisiert, dass ein Luftabriss an den Tragflächen direkt bevorsteht. Die Reaktion darauf ist, dass Flugzeug kopfüber nach unten stürzen zu lassen, damit die Aerodynamik wieder greift. Das Spielchen machte er mehrfach und noch andere Zicken. Als ich nicht kotzte, sind wir gelandet. Danach bekam ich bei ihm einige Flugstunden und theoretischen Unterricht in Wetterkunde und anderen nützlichen Dingen.

Dann wurde mir mein eigentlicher Fluglehrer vorgestellt. Er war auch im richtigen Leben Lehrer und sollte mit mir seine Fluglehrerlizenz erwerben. Es kam aber nur zu zwei gemeinsamen Flugstunden, dann verunglückte er bei der Überführung eines Flugzeugs tödlich.

Jetzt machte wieder der Bayer mit mir weiter. Ich sollte mit ihm meine erste eigene Außenlandung machen. Ich war so nervös, dass ich alles vergessen habe, was ich bis dahin gelernt hatte. Ich wusste nichts mehr. Nicht einmal mehr, wie ich die Landebahn finden sollte. Er half mir und ich setzte zur Landung an. Das Flugzeug lag so schief in der Luft, dass ich vermutlich mit einer Tragfläche zuerst aufgesetzt hätte. Er übernahm kurz vor dem Aufsetzen das Steuer und alles ging gut, aber der Schock saß tief. Er hatte schon fast sein Ziel erreicht, mich zum Abbruch der Ausbildung zu bewegen, aber dazu brauchte es noch eine Weile.

Bei einem anderen Übungsflug über einem großen Kraftwerk, wo er mir den Fahrstuhleffekt über dem Schornstein des Kraftwerks vorführte und wo ich Kurven fliegen musste, ohne Höhe zu verlieren, und das Flugzeug trimmen musste, um einen optimalen Geradeausflug zu gewährleisten, tauchte plötzlich ein Phantomjäger der

Bundeswehr in unserer Flughöhe auf. Er war mindestens zehn Kilometer entfernt, aber man sah, dass er uns als imaginäres Ziel ausgewählt hatte. Er hielt genau auf uns zu. In ein oder zwei Kilometer Entfernung zog er seine Maschine steil nach oben, aber nur, um in einer großen Schleife wieder auf uns zu zusteuern. Der Bayer hatte sofort das Ruder übernommen und flog jetzt immer so, dass er den Phantomjäger genau vor sich hatte. Auch ihm war der Schweiß ausgebrochen. Der Jäger flog mindestens drei solcher Scheinangriffe gegen uns. Eigentlich ist Bundeswehrpiloten dergleichen verboten, aber dem Mistkerl machte es offensichtlich großen Spaß. Hätte ich gekonnt, wäre ich ausgestiegen. Danach flogen wir zu unserem Platz und der Bayer erzählte, dass er so etwas auch noch nie erlebt hatte.

Dann kam die erste Jahreshauptversammlung des Fliegerklubs. Am Anfang erhoben wir uns, um der im letzten Jahr tödlich verunglückten und verstorbenen Mitglieder zu gedenken. Es waren mehrere. Danach sprach der Vorsitzende einem Mitglied seine besondere Anerkennung aus, weil er ein klubeigenes Flugzeug sicher gelandet hatte, obwohl ihm im Landeanflug der Propeller weggeflogen war. Danach wurde über den Ärger mit den Anwohnern berichtet wegen zu viel Flugverkehr. (Daher übrigens die Abwehrhaltung des Fluglehrers.) Alles in allem wurde es kein so richtig fröhlicher Abend. Mein Wunsch, den Flugschein zu machen, bekam den nächsten Knacks, war aber noch nicht abgeschrieben.

Den Garaus machte ihm die Nachricht vom baldigen Nachwuchs. Das Geld wurde nun für andere Dinge gebraucht. Vor allem musste ein anderes Auto her: *VW Porsche* und Kinderwagen, das ging nicht zusammen. Das richtige Auto war dann ein *BMW 320*.

Wir wohnten alle zusammen im Haus meiner Mutter. Schnulli gab es auch noch, aber die hatte es jetzt schwer, denn das Kind ging vor. Schnulli war es gewohnt, bei mir im Bett zu schlafen, das war natürlich jetzt verboten. Der Liebesentzug bekam ihr gar nicht, sie pinkelte überall hin, was zu zusätzlichem Liebesentzug führte. Eines Tages lief sie meiner Mutter hinterher, die mit dem Bus wegfahren wollte. Meine Mutter schickte sie immer wieder nach Hause, aber sie gehorchte nicht. Um den Bus nicht zu verpassen, stieg meine Mutter ein und der Hund lief auf die Straße und wurde überfahren. Als ich nach Hause kam, sagte eine Nachbarin Bescheid, ich solle meinen toten Hund an der Straße abholen. Mit meinem heutigen Verständnis für Hunde wäre das nicht passiert.

Das Leben ging seinen Gang. Meine Tochter und meine Mutter waren ein Herz und eine Seele. Irgendwann kam sie in den Kindergarten und wir teilten meiner Mutter mit, dass ein weiteres Kind unterwegs sei. Sie war erstaunlich wenig begeistert darüber. Meine Tochter auch nicht. Sie reagierte mit einem sogenannten *kreisrunden Haarausfall*, so groß wie ein Apfel. Das ist eine psychosomatische Erscheinung bei Stress und Angst. Beide beruhigten sich wieder und am 30.07.1981 wurde unser Sohn geboren. – Eigentlich eine perfekte kleine Familie, wenn da nicht immer meine latente Unzufriedenheit mit meiner Ehe gewesen wäre.

Aber unabhängig davon hatten wir auch tolle Zeiten miteinander. Unsere Urlaube zum Beispiel. Oft waren wir zusammen in verschiedenen *Robinson*-Klubs, öfter mal drei Wochen am Stück. Bevor unsere Tochter eingeschult wurde, verbrachten wir zwei Wochen in Ägypten in einem *Mövenpick*-Hotel. Wir hatten ein Buch über die griechische Mythologie dabei und erzählten den Kindern daraus Geschichten, allerdings in abgemilderter Version. Und als wir mit einer Fähre über den Nil fuhren, zum Tal der Könige, erzählten wir ihnen von der Entdeckung des Grabes von Tut Ench

Amun und dass alle, die es entdeckt hatten, kurz darauf erkrankt seien. Als wir dann in der langen Schlange vor dem Grab standen, waren beide Kinder mucksmäuschenstill. Eine Dame hinter uns fragte, ob wir ihnen Valium gegeben hätten, aber das waren die Nachwirkungen von den vielen Geschichten, die sie so ruhig und erwartungsvoll werden ließen.

Aus meinen Kindheitserfahrungen heraus legte ich großen Wert darauf, mich vor den Kindern nicht mit meiner Frau zu streiten, erst recht nicht, uns anzuschreien oder gegenseitig der Lüge zu bezichtigen. Ich schwieg stattdessen, wenn es sein musste wochenlang. Das war auch nicht die feine Art, aber nach meiner Überzeugung besser, als sich anschreiende Eltern.

1982 faste ich den Entschluss, die Welt zu retten, und trat in die FDP ein. Der erste Vorschlag, den ich machte, um meine politische Karriere zu puschen, sorgte für einiges Aufsehen, zeugte aber gleichzeitig, von völliger politischer Ahnungslosigkeit: Ich empfahl dem Parteivorstand unserer Stadt zu beantragen, dass die Gewerbesteuer ausschließlich dazu verwendet werden dürfe, Schäden an der Umwelt, die durch die Wirtschaft verursacht wurden, damit zu beheben. Mein Lohn war ungläubiges Staunen. Wie ich später erfuhr, ist das Geld aus der Gewerbesteuer das einzige, worüber die Stadt einigermaßen frei verfügen kann. Man hat es mir nicht übel genommen und mich trotzdem ein wenig gefördert. Später wurde ich dann ein sogenannter *Sachkundiger Bürger* im Planungs- und Wirtschaftsausschuss. Das ging auch mehrere Jahre gut, schließlich las ich die Akten vor den Sitzungen – im Gegensatz zu den SPD-Mitgliedern, die immer nur hinschauen mussten, wie ihr Vorsitzender abstimmte. Dieses Verhalten ist mir später noch in anderen Gremien, in die ich delegiert wurde, aufgefallen.

Zum Bruch mit meinem Ortsverband kam es, als ich das Angebot, Parteivorsitzender zu werden, ablehnte und äußerte, dass für mich eventuell der Fraktionsvorsitz eine Option wäre. Diesen Posten wollte der amtierende Fraktionsvorsitzende aber auf jeden Fall selbst behalten. Also musste eine politische Falle her, in die ich gnadenlos hineinlief: In der Fraktion wurde darüber beraten, wie wir uns im Falle der hohen Kosten der Freibadsanierung verhalten sollten. Es gab die einhellige Meinung, lieber eines der beiden Bädern zu schließen und die eingesparten Mittel zum Ausbau des anderen Bads, dass dann ein Freizeitbad werden könnte, zu verwenden. Mit diesem einstimmigen Beschluss gingen wir in ein Pressegespräch. Der Fraktionsvorsitzende eröffnete das Gespräch. Als es dann um das Thema ging, sagte er zu mir: »Trag du doch bitte mal vor.« Am anderen Tag stand in der Zeitung, ich wolle das Freibad schließen. Der Sturm der Entrüstung traf mich mit voller Härte. Heute würde man das einen *Shitstorm* nennen. Das Ergebnis war, dass ich vom vorderen Listenplatz flog und bei der nächsten Wahl unter fünf Prozent landete. Damit beendete ich nach knapp zehn Jahren meine Weltrettungsaktion und stieg aus der Kommunalpolitik aus.

Viele Jahre später nahm ich wieder mal ein Ehrenamt an. Dieses Amt hat nie auf meinem Wunschzettel gestanden, war dann aber etwas, was ich mit Freude und Geschick ausüben durfte: Ich wurde der Obermeister unserer Innung und später auch Mitglied im Landesinnungsvorstand. Den *Obermeister* gab ich auf, nachdem ich zwei Innungen fusioniert hatte, die dann eine große, bis heute erfolgreiche Innung bildeten, und für den Landesvorstand habe ich aus Altersgründen nicht wieder kandidiert.

Wie gesagt, die Dinge gingen ihren Gang. Ich brach immer mal wieder aus dem Eheleben aus, ohne dass es Folgen gehabt hätte. Mit den Eltern der Kindergartengruppe, mit dem Rest der Familie, meiner Frau, sie hatte neun Geschwister, oder mit meinen Bäcker- und übrigen Freunden, wurde gefeiert und verreist. Einmal machten wir zum Vatertag einen Ausflug zu einem nahen bewaldeten Hügel. Dort gab es eine Feuerstelle zum Grillen. Danach zogen wir zu einem befreundeten Bäcker in seinen Partyraum. Der Kollege hatte für unseren Besuch vorgesorgt und reichlich Schnaps am Start. Weizenkorn mit 32 Prozent Alkohol. Er schenkte reichlich ein und wir tranken. Dann bemerkte ich, dass er uns in Wahrheit Doppelkorn einschenkte, der hat 38 Prozent Alkohol. Mein Kollege hatte sich zwischenzeitlich einen Stuhl geholt und ihn so aufgestellt, dass er die ganze Gruppe im Blick hatte. Nun genoss er den Anblick, wie alle Mitglieder der Gruppe unverhältnismäßig schnell besoffen wurden und es zu heftigen Ausfällen kam. Ich zum Beispiel tanzte mit seiner Frau so unkoordiniert, dass wir die gesamte Dekoration von der Wand rissen. Andere stürzten gleich komplett zu Boden oder schlichen sich zum Kotzen in den Garten. Und wieder kam es dazu, dass Mütter von drei Kindern auch mal ein bisschen Spaß haben wollten. Die Kinder hatten wir zum Glück mit den überzähligen Müttern schon nach Hause geschickt.

Mit unserem Bäckerkegelklub machten wir zu der Zeit jedes Jahr eine Reise. Meistens mieteten wir uns einen *Bulli* oder Bus und fuhren gemeinsam los: zum Skilaufen in die Alpen, zum Fahrradfahren an den Bodensee, die Ostsee, auf eine Minikreuzfahrt nach Oslo oder in andere Städte; meistens für eine Woche. Und meistens waren es große Erlebnisse. Noch heute, bei unseren regelmäßigen Treffen, sprechen wir gerne über unsere Reisen. Mittlerweile sind einige unserer Mitglieder aus ihren Flegeljahren raus und wir verreisen nicht mehr in dieser Gruppe. Ich sage dazu immer: *Früher gingen wir zusammen kegeln, fressen, saufen und verreisen. Dann gingen wir nur noch fressen, saufen und verreisen. Heute gehen wir nur noch fressen.*

Wir nahmen auch regelmäßig an Kegelturnieren teil: Stadtmeisterschaften, Landesmeisterschaften ... bis hin zu den deutschen Meisterschaften der Bäckerkegler. Bei den deutschen Meisterschaften belegte ich einmal einen zweiten Platz. In dem Klub sind auch deutlich ältere Kollegen. Von denen erfuhr ich dann einige der Gründe für die Auseinandersetzungen meiner Eltern, in meinen Kindertagen, wenn sie von den Innungsfeiern zurückkamen. Zu der Zeit hat es mich aber nicht mehr belastet. Ich war mit meinem Vater zum größten Teil im Reinen. Ich hatte für mich entschieden, dass ich nicht der Richter über meinen Vater bin, das stand mir nicht zu. Und mit dieser Einstellung konnten wir uns einigermaßen vertragen.

In der Zwischenzeit hatte die Firma schon eine ansehnliche Größe erreicht und es ging immer wieder mal darum, wie es weitergehen sollte. Mein Vater meinte, ich könnte alles von ihm pachten, bräuchte ihm nur 5000,- DM im Monat zu bezahlen und alles wäre gut. 60.000 DM war allerdings ein Betrag, den wir nur selten als Jahresgewinn erreichten. Außerdem gab es noch immer erhebliche Investitionsstaus. Für mich keine Basis. Ich wollte den Betrieb komplett übernehmen und meinem Vater eine Art Rente in angemessener Höhe zahlen. Dabei gab es aber auch einige Probleme:

Mein Vater war neu verheiratet und hatte aus dieser Ehe zwei neue Kinder. Bei einer Übernahme musste also das gesamte Erbe mit meinen Geschwistern, der neuen Ehefrau und den Halbgeschwistern geregelt werden. Mein Vater, der hier federführend die

Dinge zu regeln hatte, verschleppte eine Lösung ein ums andere Jahr. Zwischenzeitlich hatte ich viele Arbeitsjahre in diese Firma investiert und wenn meinem Vater plötzlich etwas passiert wäre, hätte es nur einen Verlierer gegeben, und zwar mich. Dazu kam, dass mein Vater jahrelang nur noch kränkelte und gar nicht mehr in der Firma mitarbeitete.

Als er einen weiteren Termin verstreichen ließ, schrieb ich ihm meine Kündigung, mit einem halben Jahr Kündigungsfrist, zum Jahresende 1985. Den Brief schickte ich per Einschreiben. Er tat nicht sehr beeindruckt, aber ich sagte ihm, dass es meine feste Absicht sei zu gehen und er solle meine Kündigung bitte ernst nehmen. Sollte bis zum 1. Januar 1986 die gewünschte Übertragung vollzogen werden, wäre die Kündigung gegenstandslos. In den letzten Novembertagen 1985 kam er dann ins Laufen, als ich ihn daran erinnerte, dass ich eigentlich noch einige Monate Resturlaub hätte.

Bis zum 1. Januar ging da zwar schon nichts mehr, aber er sagte zu, den Termin rückwirkend zu akzeptieren. Nun ging es um die Modalitäten. Meine jüngste Schwester bekam von ihm etwas Geld, sicher zu wenig, aber sie war damit einverstanden. Die neue Ehefrau unterschrieb einen Erbverzicht, weil sie sich bei ihm schon abgesichert hatte. Die minderjährigen Kinder konnten keinen Erbverzicht unterschreiben, dafür hätte vom Gericht ein Vormund bestellt werden müssen und das wollten wir nicht. Also trafen wir eine Vereinbarung, dass ich so lange eine Rente für meinen Vater bezahlen würde, bis die jüngsten Kinder selber einen Erbverzicht unterschreiben konnten. Der Rentenvertrag sollte laufen, bis das jüngste Kind 26 Jahre alt wäre, danach entfiele meine Zahlungsverpflichtung.

Insgesamt habe ich ihm bis zu seinem Tod am 1. Januar 2003 17 Jahre eine Rente bezahlt. Somit habe ich die Firma von meinem

Vater für rund 700.000 DM gekauft. Das war mehr als der dreifache Wert, den die Firma im Jahre 1976 hatte. Meine Mutter hatte nach der Scheidung ihr Haus zurückbekommen, mit allen Anbauten, und von meinem Vater 1000 DM im Monat. Diese Forderung meiner Mutter hatte ich nun zu übernehmen. Da sie nicht wollte, dass ich das Geld bezahlen musste, nahm sie schon ab Dezember1985 ihre Herztabletten nicht mehr. Am 23. Januar 1986 verstarb meine Mutter. Sie wurde 75 Jahre alt. Neben allen anderen wertvollen Dingen, die ihr Leben mir gaben, war sie die große Liebe meiner Kinder und umgekehrt. Ihr Tod hat uns alle sehr traurig gemacht.

Was war sonst noch?

1982 habe ich in Olpe meine Meisterprüfung abgelegt. Für diese Prüfung hatte ich mir viel vorgenommen. Die meisten Prüfungen in meinem Leben hatte ich bis dahin ohne großen Ehrgeiz absolviert, nach dem Motto: *Hauptsache bestanden.* Mit der Meisterprüfung wollte ich mir und anderen dann aber etwas beweisen und mit der Gesamtnote 1,5 habe ich das auch geschafft. – Die Schule war ein Internat und dauert sechs Monate mit allen Prüfungen. Bezahlen musste man sie auch. Gemessen an Studenten war das übrigens äußerst ungerecht.

Zwei Dinge finde ich aus dieser Zeit noch sehr berichtenswert: Im Haus gab es kein Telefon für die Schüler. Handys waren noch nicht erfunden. Wer telefonieren wollte, der musste raus auf die Straße, da war eine Telefonzelle. Und selbstverständlich war es strengstens verboten, Frauen mit ins Internat zu bringen, unter Androhung eines Schulverweises. Das hielt aber einige voll im Saft stehende junge Männer nicht davon ab, es doch zu tun. Drei Mann hatten mit einer käuflichen Dame kräftig gezecht und sie dann mitgenommen. Nach dem Sex entschloss sich die Frau, splitterfasernackt durch die Schule zu toben und in verschiedene Betten der schlafenden Schüler zu springen. Ein junger Mann hat sich dabei offensichtlich so sehr erschrocken, dass er auf die Straße lief und von der Telefonzelle aus die Polizei anrief. »Hilfe, bei mir liegt eine nackte Frau im Bett.« Als die Polizei kam, hatten die drei ihre Begleiterin zwar schon wieder eingefangen, aber der Skandal war perfekt. Ich erfuhr leider erst am anderen Morgen von der Geschichte, musste aber nun als stellvertretender Klassensprecher, den Lehrgang für die drei Jungs retten. (Stellvertreter bin ich übrigens geworden, weil ich am Abend vor der Wahl keinen ausgegeben habe. Der Klassensprecher hatte einen ausgegeben und so ein paar Stimmen eingekauft, stellte sich dann aber als absoluter Rohrkrepierer heraus.) Außerdem mussten wir den jungen Mann, der die Polizei gerufen hatte, vor den drei wütenden anderen schützen. *Allet is noch mal jut jejangen*, wie der Klassensprecher aus Köln gesagt hätte. Allerdings nicht für ihn. Bei der Prüfung im Fachrechnen saß ich gerade an der zweiten Aufgabe, da gab der schon seinen Zettel ab. Die Aufsicht sah sich den Zettel vorne und hinten an und sagte: »Da steht ja gar nichts drauf.« Darauf er: »Ich hab alles gemacht, was ich gewusst habe.« Das hieß, eine glatte Sechs. In den anderen Fächern war es auch nicht viel besser. Man hat dann ein bisschen rumgebastelt, damit er die Prüfung wiederholen durfte und dabei hat man ihm dann auf eine Gesamtnote von Vier minus geholfen. Damit hatte er bestanden und konnte den Betrieb seines verstorbenen Schwiegervaters in Köln weiterführen.

Die andere Geschichte ereignete sich bei unserer Abschlussfeier. Wir hatten unseren Meisterbrief in der Tasche und zogen in unsere Stammkneipe, um dort zu feiern. Dort gab es eine nette Bedienung, die schon ganz traurig war, weil wir bald nicht mehr kommen würden. Mein Klassenkamerad Heiner und ich waren die beiden Ältesten des gesamten Lehrgangs; ich 30, er 32 Jahre alt. Mitten in unsere fröhliche Runde platzten plötzlich zwei Männer, stürmten durch den ganzen Laden, an den hintersten Tisch, schnappten sich einen jungen Mann und schlugen auf ihn ein. Als wir sahen, was da vor sich ging, guckten wir uns kurz an, dann gingen wir gemeinsam los, um die Sache zu beenden. Jeder von uns schnappte sich einen der Angreifer am Kragen und schob ihn vor sich her, aus der Gaststätte hinaus auf die Straße. Als sie draußen waren, wollte ich zurückkehren in die Gaststätte. Das ging aber nicht, weil alle Gäste nachgekommen waren und nun den Eingang versperrten. Als Heiner und ich uns wieder den Kerlen zuwandten, die wir rausgeschmissen hatten, standen beide vor uns und jeder hatte ein Messer gezückt. Meiner fuchtelte mir bedrohlich nahe damit vor dem Gesicht herum. Gerade als ich mir Gedanken machte, wie das weitergehen sollte, sprang die hübsche kleine Bedienung vor mich, um mich zu schützen und den Bruchteil einer Sekunde später war das Martinshorn der Polizei zu hören. Beides ließ die Angreifer einen Schritt zurückweichen. Fünf Sekunden später war der Spuk zu Ende. Die beiden Angreifer, Vater und Sohn, waren polizeibekannte Unruhestifter, die von dem jungen Mann, den sie verprügelt haben, für irgend ein Vergehen angezeigt worden waren. Als wir zurück an die Theke gingen, sagte jemand: »Du blutest ja.« Der Grund war ein Schnitt in meiner Ohrmuschel, der beim Herumfuchteln mit dem Messer vor meiner Nase passiert sein musste. Die freundliche Bedienung stillte das Blut und ich habe mich viele Mal bedankt, für ihren Mut, mich in der Situation zu beschützen.

Von der *Meisterschule Olpe*, gäbe es noch vieles zu berichten, an dieser Stelle aber nur noch eines: In diesen sechs Monaten begann ich wieder zu rauchen. Ich war schon zweieinhalb Jahre clean und habe dann aus Langeweile, in der Kneipe, wieder angefangen. Vorher hatte ich Zigaretten geraucht, *Camel Filter*, bis zu 80 Stück am Tag. Beim Kegeln hatte ich manches Mal drei Zigaretten gleichzeitig an: Eine glimmte noch, die nächste lag irgendwo anders im Aschenbecher und ich steckte mir schon die Nächste an. Damit hatte ich von einem Tag auf den anderen aufgehört, aber immer Zigaretten bei mir gehabt, damit nie das Gefühl aufkam, ich könnte nicht rauchen, weil ich keine hatte. Das klappte, ich wollte nicht mehr rauchen. Irgendwann habe ich die vertrockneten Zigaretten dann weggeschmissen. Und im Internat fing ich wieder an – aber diesmal waren es keine Zigaretten, sondern Zigarren. Nach den ersten beiden Zügen wurde mir prompt kotzübel und ich musste mich übergeben, aber statt davon klug zu werden, steckte ich mir die Zigarre danach wieder an. Dann nahm ich mir Zigarillos mit, auf die lange Heimfahrt am Wochenende. – Und schon hing ich wieder dran. Das ging dann noch mal drei Jahre so weiter. Zum Ende hin war ich bei 50 *Clubmaster*-Zigarillos am Tag. Das geht nur, wenn immer eine an ist. Ich musste mich zum Schluss zum Schlafen ins Bett setzen, weil ich sonst vor lauter Husten nicht einschlafen konnte.

An einem Samstag im Juli fuhr ich dann mit meinem drei Jahre alten Sohn auf eine große Kirmes. Dort stieg ich mit ihm in einen *Autoselbstfahrer*, heute heißen sie *Autoscooter*. Wie üblich, hatte ich einen Zigarillo brennen. Im Getümmel der Fahrzeuge wurden wir frontal von einem andern Scooter angefahren. Mein Zigarillo viel mir dabei aus dem Mund, auf das nackte Beinchen meines Sohnes, der natürlich schrecklich zu weinen anfing. Erst da wurde mir klar, was für ein Idiot ich war. Ich schwor mir, dass das der letzte Zigarillo meines Lebens war. So ist es bis heute geblieben.

Kurz nach dem Tod meiner Mutter traf ich einen alten Schulkameraden wieder, Horst; ein Freund ist er nie gewesen, aber man kannte sich. Im Sport gab der immer den *Italiener*, das bedeutete, sich bei jeder Kleinigkeit hinzuschmeißen und ein Foul zu reklamieren. Er erzählte mir nun von großen Geldproblemen und fragte, ob ich ihm etwas leihen könnte. Natürlich konnte und wollte ich das nicht.

Er hatte sich, trotz großer Belastungen durch einen Hausbau, noch ein Grundstück gekauft, aber noch nicht bezahlt. Die Verkäuferin wollte nun Zinsen für den ausstehenden Kaufpreis. Auch die konnte er nicht bezahlen. Es handelte sich um ein Grundstück, auf dem ein Haus abgebrannt war und für das es für einen Neubau eine zeitlich begrenzte Wiedererrichtungsgenehmigung gab. Die lief bald ab. Es musste schnell etwas geschehen, sonst wäre es nur noch eine nutzlose Wiese mitten im Wald. Also bot ich ihm an, das Grundstück zu übernehmen und im selben Jahr mit dem Bau eines Hauses zu beginnen. Horst war mit einer bildschönen Finnin verheiratet. Er schwärmte auch sonst sehr für Finnisches und zeigte mir einige finnische Holzhäuser. Ich fand die auch sehr besonders und entschied mich, so eines zu bauen. Noch im selben Jahr ließ ich mit dem Bau eines Kellers beginnen. Im darauffolgenden Sommer wurde Richtfest gefeiert.

Das Haus kam paketweise direkt aus Finnland. Die Rundbalken hatten einen Durchmesser von 17 Zentimetern, waren ofengetrocknet und auf Länge und Fuge zugeschnitten. Zwei Handwerker aus Schleswig Holstein bauten alles auf. Die manchmal fünf Meter langen Balken aufeinanderzuschichten, und das in bis zu acht Meter Höhe, war schon absolute Schwerstarbeit. Elektro und Sanitär musste separat eingebaut werden. Dadurch wurde der Hausbau dann doch sehr teuer.

Weihnachten feierten wir bereits im neuen Haus. Horst und seine Frau durften bei mir in die ausgebaute Kellerwohnung einziehen, da er zwischenzeitlich alles verloren hatte, was er vorher besaß, bis auf ein paar Schulden.

Zu dem Grundstück, das mir da sozusagen *unters Dach getragen* worden war, muss ich noch einige Anmerkungen machen: Meine Mutter war ja in den letzten Jahren ihrer Ehe mit meinem Vater eine sehr unglückliche Frau gewesen und, da sie keinen Führerschein gemacht hatte, auch ziemlich ans Haus gebunden. Wenn sie dann mal ein bisschen raus wollte, setze sie sich auf ihr Fahrrad und fuhr in die Natur. Einer ihrer Lieblingsplätze, um eine Rast zu machen, war ausgerechnet das abgebrannte Forsthaus, das auf dem Grundstück stand, das mir jetzt gehörte – ein halbes Jahr nach ihrem Tod. Ich hatte mit Horst wirklich nichts gemein und dann verschaffte er mir ausgerechnet dieses Grundstück. Was soll man dazu sagen? Ich genieße es immer mit großer Dankbarkeit, dort zu wohnen, wo meine Mutter einen ihrer liebsten Plätze gehabt hat.

Auch meine älteste Schwester, die immer noch in der Schweiz wohnt, kam uns regelmäßig dort besuchen. Bei einem ihrer Besuche kam es zu einem heftigen Streit. Oberflächlich ging es um einen roten Wein, tatsächlich wurde wohl eher ein lange gehegter Groll offenbar. Sie hatte zu meinem 60. Geburtstag aus der Schweiz eine Geburtstagsgeschichte für alte Männer mitgebracht und sie, obwohl meine kleinere Schwester ihr dringend abgeraten hatte, vorgetragen. Diese Geschichte war so beleidigend, dass ich nur schwer an mich halten konnte, aber ich wollte ja nicht meine eigene Feier explodieren lassen. Grob vereinfacht ging die Geschichte so: *Früher habe ich meinen Penis steil erhoben vor mir her getragen und jetzt, mit 60, hängt er nur noch da rum und ist nur noch zum Pinkeln zu gebrauchen.* Das Ganze in pseudo-lustige Worte verpackt. Unabhängig davon, dass das inhaltlich völliger Blödsinn war, ist es eine Unverschämtheit, so etwas vor 100 Gästen vorzutragen. Wir können das Ganze ja mal umdrehen und überlegen, was dabei herauskäme, wenn wir eine solche Geschichte über Frauen, die 60 werden, abfassen. Ich erspare uns weitere Details.

1987 feierten wir also ein großes Richtfest und verbrachten einen wunderbaren Urlaub in Irland, im *Ballerie-Soud-Haus*. Irland war ganz großes Kino. Auf einem meiner *Seminare* lernte ich einen Mann kennen, der ein Haus in Irland hatte, mit 120.000 qm Land dabei. Das alte Herrenhaus musste noch ein wenig umgestaltet werden, hatte aber einen umwerfenden Charme. Wir waren zehn Personen: fünf Kinder und fünf Erwachsene. Zum Haus gehörte auch ein kleines Motorboot, die *Anneliese*. Mit dem kleinen Boot und allen zehn Leuten darin fuhren wir auf den Atlantik hinaus, ohne ausreichende Schwimmwesten oder sonstige Absicherung – der absolute Blödsinn. Wie durch ein Wunder ist nichts passiert, obwohl wir zwischendurch kurz davor waren, auf einen Felsen aufzulaufen. Eine solche Handlungsweise würde ich meinen Kindern heute bei ihren Kindern äußerst übel nehmen.

Wir blieben drei Wochen und waren die letzte Woche noch in einem Hotel unter deutscher Leitung. Meine Tochter sollte dort reiten lernen, war aber nicht ihr Ding. Dort lernte ich einen österreichischen Psychiater kennen. Der war mit seiner Geliebten dort. Seine Lieblingsaussage zu allen Dingen war: *Alles ausleben.* Ein guter Rat.

Und was war mit den Autos?

Nach dem ersten 320er *BMW*, der nicht in Ordnung war und den ich gleich wieder zurückgab, wegen nicht angezeigter Unfallschäden, folgte der nächste 320er. Der war top. Arktisblau Metallic. Der wurde mir kaputt gefahren: Als wir zur *Anuga* nach Köln wollten, kam es an der Abfahrt von der Autobahn zu einem Rückstau und ein *VW Bulli* fuhr fast ungebremst auf uns auf. Ich sah ihn im Rückspiegel anrauschen, konnte aber nirgends hin. Ich wurde noch auf das Fahrzeug vor mir geschleudert und der *BMW* bekam einen Totalschaden.

Eigentlich hatte ich mir danach einen *Range Rover* bestellt, aber der war nicht sofort lieferbar, also kaufte ich einen *Mercedes 250 Kombi*, der im Schaufenster stand. Den hatte ich auch zur Zeit meiner Meisterprüfung. Das Auto hatte den Namen *Mercedes* aber nicht verdient, es war einfach nur schlecht. Es fraß jede Menge Sprit, hatte keine vernünftige Leistung und ein grottenschlechtes Fahrwerk. Ich hatte ihn nur zwei oder drei Jahre und kaufte mir dann den *Babybenz.* Das war der *190 E.* Mit dem fuhren wir auch nach Irland. Das war ein *Mercedes,* der den Namen verdient hatte: super Technik, super Fahrwerk und viel Fahrspaß. Aber einige Leute glaubten, unsere Geschäfte liefen schlecht, weil ich nun ein so kleines Auto fuhr. Danach kaufte ich daher wieder einen Kombi, diesmal aber vom Feinsten: einen *300 TE.* Es ging bergauf.

In einem Urlaub, den ich als Kur angemeldet hatte, lernte ich eine Frau aus München kennen. Sie rechnete sich zur Münchner Schickeria. Sie hatte den Ehrgeiz, mich in die Geheimnisse des *Dolce Vita* einzuweisen. Dafür musste ich Landei einige Dinge lernen, zum Beispiel Austern zu essen. Okay, habe ich gemacht, aber nur zwei Mal in meinem Leben. Das zweite Mal nur für den Fall, dass die ersten nicht in Ordnung waren, aber auch die zweiten waren eklig. Champagner trinken war vorher auch nicht meine Stärke, das musste ich auch erst lernen. Wir verabredeten uns in der gesamten

Republik zu *Seminaren*. Das war unauffällig, da wir beide ein Geschäft hatten. Das ganze ging über gut eineinhalb Jahre. Über den wahren Grund unserer Treffen möchte ich mich hier nicht weiter auslassen, aber der Fantasie sollten in diesem Fall keinerlei Grenzen gesetzt werden.

Das Wichtigste, was sie mir sagte, war, dass ich unbedingt anfangen müsste, Golf zu spielen, weil sich das einfach so gehören würde. Okay, auch das habe ich gemacht und tue es heute noch. In unserer Gegend wurde gerade ein neuer Golfplatz gebaut und ich wurde dort Mitglied. Zu meinem *Gschmusie* ist noch zu sagen, dass sie immer mit einem Leihwagen zu unseren Treffen kam, so konnte ich nicht zurückverfolgen, ob alles stimmte, was sie mir über ihr Leben sagte. Einmal ertappte ich sie dabei, wie sie meine Fahrzeugpapiere durchsuchte, wohl um zu prüfen, ob ich ihr immer die Wahrheit sagte. Irgendwann verlief die Sache sehr schmerzfrei im Sande. Gut für alle Beteiligten.

Das Thema *Golf* möchte ich hier ein wenig vertiefen. Nach der entscheidenden Anregung habe ich mich in unserer Gegend umgeschaut und bin auf ein Golf-Wintertraining aufmerksam geworden. Der Trainer war auch der Architekt von besagtem Golfplatz, in dessen Klub ich dann eingetreten bin.

Das Training begann mit einer großen Lüge. Nachdem ich die erste Trainingsstunde absolviert hatte, sagte der Trainer mir, ich sei ein Naturtalent. – Gut für die Motivation, schlecht für die Selbstreflexion. Es hat eine ganze Zeit gedauert, bis ich die Lüge durchschaut hatte. Heute kann ich mit meiner golferischen Mittelmäßigkeit ganz gut leben und habe sehr viel Spaß an diesem Sport.

Und Sport ist es wirklich, auch wenn speziell junge Menschen dies oft nicht akzeptieren wollen. In den Zeiten, als ich noch Menschen zum Golfspielen missionieren wollte, habe ich dann immer gefragt: »Hast du gedient?« Wenn sie hatten, habe ich gesagt: »Dann weißt du ja, was ein Zehn-Kilometer-Marsch mit Sturmgepäck ist. Das gleiche ist eine Runde Golf mit achtzehn gespielten Löchern. Du gehst zehn Kilometer und mehr, machst hundert Schläge oder mehr und schleppst noch deine Spielgeräte mit dir rum.« Das es dafür Erleichterungen gibt, ist eine andere Sache, die man aber nicht in Anspruch nehmen muss, wenn man es besonders sportlich haben möchte. Außerdem ist man als Golfer bei Sonne, Wind oder Regen vier bis fünf Stunden an der frischen Luft unterwegs.

Die scheinbare Exklusivität des Golfsports rührt übrigens nicht von den Klubbeiträgen her, sondern von den Reisen, die viele Golfer unternehmen, denn an den schönsten Plätzen der Welt ist garantiert immer auch ein Golfplatz. In unserer Umgebung gibt es sechs Golfplätze, die fast alle sehr moderate Jahresbeiträge aufrufen. Außerdem habe ich beim Golfspielen eine Menge außergewöhnlicher und auch interessanter Menschen kennengelernt, die nur selten einen Dünkel vor sich hergetragen haben. Im Gegenteil. Ich habe durch den Sport viele gute und einige besondere Freunde kennengelernt. Da auch meine Frau mit dem Golfen begonnen hatte, haben wir Reisen innerhalb und außerhalb Europas mit dem Golfen verbunden.

Eine ganz besondere Verbindung hat sich dadurch ergeben, dass eines unserer Klubmitglieder seine Winter auf der Karibikinsel Aruba verbrachte und wir ihn dort besuchten. Daraus ergab sich die sogenannte *Aruba-Gang*, die aus wunderbaren Menschen besteht, bis heute, mit denen die schönsten aller Gelage gefeiert wurden und werden. Dabei wird neben Essen und Trinken auch miteinander musiziert und gesungen. Dieser Kreis hat sich immer mal erweitert, aber auch verringert, weil wir durch Tod und Krankheit liebe Menschen verloren haben. Unser begnadeter Gitarrenspieler ist zum Beispiel leider nicht mehr unter uns und unser *Aruba-Gastgeber* von schwerster Krankheit gezeichnet. An dieser Stelle möchte ich speziell den Golffreunden für die vielen unvergleichlichen wunderbaren Stunden danken, die sie meiner Frau und mir beschert haben und heute noch bescheren.

Im Herbst 1989 ging die innerdeutsche Grenze auf. Als ich davon erfuhr, dass in einem Kino in Erfurt die Innungen für Ostdeutschland gegründet werden sollten, fuhr ich sofort hin. Es war ein Sonntag. Als ich an die Grenze kam, bemerkte ich, dass ich gar keinen Ausweis bei mir hatte. Ich sagte dem Grenzer, wo ich hinwollte und zu welchem Zweck, und er winkte mich ohne Ausweis durch.

Bis dahin hatte ich mit unseren Innungen nicht viel am Hut. Der damalige Obermeister unseres Kreises bezeichnete jeden Bäcker, der eine Filiale aufmachte, als *Kollegenschwein*. Darum hatte ich ihn als Einziger auf der Versammlung nicht gewählt. Der Mann träumte vermutlich noch vom Kaiser.

Ich wollte den Kollegen im Osten nicht die Innung nahebringen, sondern *Erfa-Kreise* – Erfahrungsaustausch nach westlichem Muster: In diesen Gruppen finden sich Kollegen zusammen, die in verschiedenen Städten oder Bereichen ihre Betriebe haben, und tauschen ihre Erfahrungen aus, über ihre spezielle Kostensituation, Werbung, Produkte und Zukunftsperspektiven. Außerdem war es in diesem Falle für die ostdeutschen Bäcker wichtig, darüber zu entscheiden, in welcher Gesellschaftsform die Firma in Zukunft geführt werden sollte.

Deren Betriebe waren sogenannte *PGHs* – Produktionsgenossenschaften des Handwerks. Eigentlich waren die Strukturen ähnlich wie die eines Filialbetriebes im Westen. In einer Produktionsstätte wurde für mehrere Geschäfte produziert, nur eben in Genossenschaftsform. Aber mit 80 oder mehr mitbestimmenden Genossen ließ sich so eine Firma unter Wettbewerbsbedingungen nicht mehr führen. Sie mussten in GmbHs oder Vergleichbares umgewandelt werden.

Um für die Erfa-Arbeit einen Ansprechpartner zu finden, fragte ich mich im Kino durch, bis man mich an Liesel verwies. Liesel hatte zu DDR Zeiten für die PGHs mit der Regierung gesprochen und kannte alle Bäckerei-PGHs der Republik – von der Ostsee bis zum Erzgebirge. Sie fand meine Vorschläge gut und wir verabredeten eine Werbeaktion, um Betriebe zu gewinnen, die in unseren Erfa-Kreisen mitarbeiten wollten.

Die Kennenlernaktionen waren kostenlos. Jeder konnte kommen und hören, was ich ihnen über die Marktwirtschaft zu erzählen hatte. In der DDR waren die Bäcker die Armen und die Konditoren die Reichen. Ich machte ihnen klar, dass sich dieses Verhältnis in der Marktwirtschaft umkehren würde. Wir erarbeiteten einen angemessenen Brot- und Brötchen-Preis für die Zukunft. Das taten die neuen Innungen auch. Erstaunlicherweise waren die Ergebnisse der Kalkulationen sich sehr ähnlich, ein Marktpreis eben. Nur Konditoreiwaren würden die Verbraucher demnächst nicht mehr in den alten Konditoreien kaufen, denn den Tortenmarkt beherrschte in Zukunft die Tiefkühlbranche. Das wollten einige Konditoreien nicht verstehen und mussten es dann schmerzhaft erfahren. Gut zwanzig Betriebe schlossen sich der Erfa-Arbeit an.

In dieser Zeit hätte ich viele Bäckereien im Osten für ganz kleines Geld bekommen können. Oftmals nur, indem ich in die Geschäftsleitung einstieg. Aber das war nicht meine Intention. Wir erlebten gerade historische Zeiten und ich wollte den Kollegen bei der Zukunftsbewältigung helfen. Dazu habe ich drei Jahre lang in der ganzen ehemaligen DDR Erfa-Tagungen organisiert und mit den Betrieben an ihrer Zukunft gearbeitet. Nach drei Jahren habe ich die Leitung an ein professionelles Beratungsbüro abgegeben. Leider haben nur ganz wenig Betriebe diese Chance weiter genutzt.

Zum Abschluss meiner Arbeit mit ehemaligen DDR-Betrieben, bekam jeder von mir eine Urkunde mit folgendem Text:

Nichts auf Erden kann sich mit Beharrlichkeit messen.

Talent kann es nicht, denn nichts ist häufiger als erfolglose Menschen mit Talent.

Genie kann es nicht, verkannte Genies, sind geradezu sprichwörtlich.

Ausbildung kann es nicht, die Welt ist voll von hilflosen Gelehrten.

Beharrlichkeit und Bestimmung allein sind allmächtig.

Entschlossenheit hat und wird auch immer die Probleme der Menschheit lösen helfen.

Zur Erinnerung an eine Zeit, die es wert ist, sich an sie zu erinnern.

März 1993

Abseits der Erfa-Arbeit gab es einige Erlebnisse, in diesem Falle nur sehr wenige der erotischen Art, die ich sehr bemerkenswert fand. Zum Beispiel haben wir am Abend oft zusammen gesungen. Dabei haben wir festgestellt, dass wir, trotz vierzig 40 Jahren Trennung, die gleichen Lieder kannten – und trotzdem hätten wir nur einige Monate zuvor aufeinander geschossen, wenn irgendein Idiot, der die Macht dazu hatte, den Befehl gegeben hätte. Diese Erfahrung hat mich sehr geprägt. Wie nah lagen hier Leben und Tod, Freiheit oder Untergang beieinander. Diese Erfa-Arbeit mit den

Menschen aus Ostdeutschland war eine sehr wichtige Erfahrung, die ich nicht missen möchte.

Zwischenzeitlich hatte mir einen *Mercedes 300 CE* in *Bonit*, das war ein Lilaton, zugelegt. Sehr schön. Dazu hellgraue Lederausstattung. Toll.

Nun wird es etwas heikel, wir kommen ja immer näher in die Gegenwart. 1992 lernte ich meine jetzige Frau kennen, in einem Urlaub in Oberstaufen. Offensichtlich waren wir beide auf der Suche nach einer anderen Partnerschaft als der, die wir hatten. Ich werde auf die Zeit, die nun folgt und das Leben mit meiner Frau und mir betrifft, nicht weiter eingehen, nur so viel: Es war und ist die schönste Zeit meines Lebens – bis heute. Wir haben eine wunderbare Liebe erleben dürfen, von der ich vorher nicht wusste, dass es so etwas wirklich gibt.

Am Anfang hatten wir häufig ein sehr schlechtes Gewissen, weil wir dieses große Glück erleben durften und andere Menschen unglücklich zurückgelassen hatten. Aus diesen und einigen anderen Gründen wurden wir auf einen Trainer für positives Denken aufmerksam und besuchten gemeinsam ein Seminar bei ihm. Der Trainer hieß Artur Lassen. Seine Seminare standen unter dem Motto: *Heute ist mein bester Tag.* Wenn man dieses Motto das erste Mal hört, denkt man an die Nachzahlung für Heizkosten, die gerade reinkam, oder den Ärger, den der Nachbar gerade wieder macht und sagt sich: *Kann doch gar nicht sein, dass dies mein bester Tag ist.* Aber das Motto meint, dass der jetzige Augenblick der einzige Zeitpunkt ist, an dem man sein Leben gestalten oder verändern kann. In der Zeit, die vorbei ist, kann man das nicht mehr und die Zukunft liegt ja erst noch vor einem und was dort geschieht, kann man zur Zeit nicht wirklich beeinflussen. Hoffen und planen kann man zwar, aber wie es dann wirklich kommt, weiß man nicht. Aber jetzt, in diesem Augenblick, heute, kann man etwas tun. Der unglückliche Mitarbeiter kann entscheiden, sich einen neuen Arbeitgeber zu suchen, der Alkoholiker kann entscheiden, heute keinen Alkohol zu trinken, und der alte Mann kann entscheiden, ab heute sein Leben aufzuschreiben. Diese Entscheidung kann nur heute fallen, darum kann immer nur heute der beste Tag für einen sein. Es gibt genügend Menschen, die sagen: *Hätte ich mal früher dies oder das gemacht.* Oder sie sagen: *Irgend wann werde ich das mal machen.* Aber das ist falsch. Richtig ist: *Heute mach ich's.* Diese Seminare haben uns sehr viele neue Anregungen gegeben. Auch dazu, wie wir mit unseren verlassenen Partnern umgehen. Heute ist meine Ex-Frau die andere Oma für unsere gemeinsamen Enkelkinder und wir sehen uns bei allen möglichen Gelegenheiten in der Familie. Alles läuft entspannt ab und das ist gut so. Artur Lassen hat mir nach einiger Zeit und mehreren Seminaren erlaubt, mit seinen Unterlagen selbst Seminare abzuhalten. Dies habe ich häufig genutzt, auch bei der eigenen Mitarbeiterschulung. Aber auch, bei einem Freund, der in den Alkoholismus abgerutscht war und mich bat, meine Vorträge im *Blauen Kreuz* zu halten.

Es gibt noch einige Begebenheiten aus dieser Zeit, die durchaus erzählt werden können, ohne jemanden damit zu kompromittieren: Am 15. Hochzeitstag sagte ich meiner ersten Ehefrau, dass ich mich von ihr trennen werde. Wir nahmen für die Trennung einen gemeinsamen Rechtsanwalt, der alle Modalitäten festlegte. Sie durfte in unserem Haus bleiben, bis unser Sohn 18 Jahre alt wurde. Bis dahin zog ich mit meiner neuen Partnerin in eine Mietwohnung.

In der dann folgenden Zeit war es oft nicht einfach. Ich hatte mich zwar von meiner Frau getrennt, aber ich wollte nicht meine Familie verlassen. Die Sache mit den Kindern musste noch geregelt werden. Ihr Sohn war zum Zeitpunkt der Trennung schon 23 Jahre alt, meine Kinder aber erst 14 und 11. Erste Versuche mit gemeinsamen Ausflügen mit meiner neuen Partnerin und meinen Kindern gingen gründlich schief. Meine Tochter stellte sich stur. Das Angebot, eine Woche gemeinsamen Skiurlaub zu machen, schlug sie aus. Mein Sohn kam aber mit und der erste Stein der Abwehrmauer war abgetragen. Mit Geduld und Spucke, wie es bei uns heißt, konnten wir nach und nach auch den Rest der Abwehrmauer einreißen. Auch meine Tochter verließ schließlich ihre Schmollecke. Weitere Urlaube folgten, an denen dann alle drei Kinder teilnahmen. Im Laufe der Jahre wurden wir tatsächlich zu einer richtigen neuen Familie, was für alle ein großes Glück bedeutete. Mittlerweile ist meine Frau die heiß geliebte Omi unserer drei Enkelkinder.

Wir hatten die Sachen, die meine neue Partnerin aus ihrem alten Leben mitnahm, in unserem großen Lieferwagen abgeholt. Dabei war auch eine Katze. Wie ich später herausfand, war diese Katze taub. Weil sie auf eine äußerst unangenehme Weise schrie, habe ich einmal einen Hausschuh nach ihr geworfen, der traf sie sehr unglücklich am Maul. Es wurde ein gebrochener Kiefer diagnostiziert und sie musste eingeschläfert werden.

Kurze Zeit danach bezogen wir mein altes Haus und im Januar kauften wir uns einen Hund. Sita war eine braune Labradorhündin und unsere große Freude. Die Züchterin sagte uns, die Hündin gehöre zur indischen Linie. Wenn ich das weitererzählt habe und man mich fragte, was denn die *indische Linie* sei, dann habe ich zum großen Schreck des Fragenden immer gesagt: »Die schmecken besser.«

Eines Morgens im Frühling kam ich von der Arbeit nach Hause und sah auf der Straßenseite gegenüber unserem Haus, auf einem Baumstumpf, einen dicken grauen Kater sitzen. Am nächsten Tag saß er wieder da und an weiteren Tagen ebenfalls. Ich erzählte meiner Frau davon. Einige Zeit später zeigte sich auf unserer Loggia eine scheue zarte graue Katze. Meine Frau war sofort aus dem Häuschen und stellte ihr etwas zu fressen hin. Die Katze nahm es erst zögerlich, dann dankbar an. Danach verschwand sie wieder. In Zukunft kam sie aber öfter, dann täglich und nach geraumer Zeit traute sie sich auch ins Haus. Der Hund war noch ein Welpe und kannte Katzen schon, daher gab es keine Probleme mit Sita. Die Katze wurde zutraulicher und vom guten Futter nahm sie auch kräftig zu. Wir nannten sie *Pauline*. Eines Tages kam sie nicht mehr.

Einige Tage später hörten wir aus dem Garten ein leises Jammern. Als wir nachschauten, war dort ein einziges kleines Katzenkind ohne eine Mutter. Wir holten es auf die Loggia und setzten es in einen Pappkarton, aber unsere Pauline kam nicht. Das Katzenkind war aber kurz darauf verschwunden und blieb es auch für immer. Dafür kam unsere Pauline und brachte uns ein anderes Junges. *Na ja, ein Kätzchen kann schon bei uns bleiben*, dachten wir. Dann brachte Paula ein zweites. *Na ja, zwei gehen auch noch.* Aber Paula war noch nicht fertig und am Ende waren es vier junge Katzen und ihre Mutter, die ihr neues Zuhause bei uns einrichteten. Das Ganze wurde scheinbar von ihrem Kater ausgespäht, der über eine längere Zeit Haus und Gelegenheiten erkundet hatte, um die werdende Mutter bei uns zu platzieren. Das klingt schon verrückt, aber es kommt noch dicker: Zu der Zeit, als Pauline ständig bei uns ihre Jungen versorgte, sah ich unter meinem Auto eine kleine getigerte Katze in Wildkatzenoptik, die nicht aus unserem Wurf war. Sie war ganz scheu und blieb in der Deckung. Später dann sah ich sie die

Treppe vom Garten hochschleichen, ganz langsam und vorsichtig: Sie wollte zu Pauline an die Zitzen. Da lag aber Paulines eigener Wurf; der Neuankömmling bekam von den anderen etwas an die Schnute und zog sich zurück. – Aber nur so lange, bis die anderen schliefen, dann traute er sich wieder heran. Und Pauline ließ das fremde Katzenkind trinken.

Jetzt hatten wir also sechs Katzen und einen Hund. Die Kleinen wuchsen und gediehen, aber die Mutter wurde krank. Sie bekam ein Leberleiden, das bei Katzen auftritt, wenn sie zu viele Mäuse fressen ohne eine Ergänzungsnahrung. Das hatte sie am Anfang ihres Lebens wohl gemacht. Als die Kleinen schon abgestillt waren und wir Weihnachten feierten, holte sich unsere Pauline noch das Gänsegerippe und zog sich zum Sterben zurück. Wir haben sie nicht mehr wiedergesehen. Auch von ihren Jungen blieben nicht alle bei uns. Eine Katze Namens Pünkelchen fand in der Gruppe nie ihren Platz und verschwand eines Tages. Das Findelkätzchen aber blieb bis an sein Lebensende, 15 Jahre lang, bei uns. Und der, der es am Anfang von den Zitzen seiner Mutter vertreiben wollte, war bis zum Schluss sein bester Kumpel.

Unsere Sita bekam auch einmal Junge. Da war sie dreieinhalb. Wenn Sita *heiß* war, bekamen wir jede Menge Besuch. Alle möglichen Rüden pinkelten dann an unsere Haustür. Ein anderer Rüde wollte mehr: Er versuchte, über unseren Starkettenzaun zu springen, um in den Garten zu gelangen. Zufällig schaute meine Frau in diesem Moment aus dem Küchenfenster und sah den Hund dort am Zaun hängen. – Er war mit dem Halsband dort hängen geblieben. Sie hat ihn befreit, aber am nächsten Tag, machte er den nächsten Versuch und dieses Mal erreichte er sein Ziel: den Garten und Sita. Wir wussten nun in etwa, wann die Jungen zur Welt kommen würden, hatten aber für die Zeit schon eine Segeltour gebucht. Es könnte gerade so klappen, dass wir zur Geburt zurück wären. Mein Sohn übernahm die Überwachung und Versorgung der Schwangeren. Am Tag, bevor wir zurückkamen, wurden die Welpen dann geboren, aber es gab Probleme: Zwei Babys kamen normal zur Welt, ein drittes war jedoch zu lange im Geburtskanal und starb einen Tag später. Ein viertes war schon im Mutterleib tot und musste mit samt der Gebärmutter operativ entfernt werden.

Als wir nach Hause kamen, saß Sita in ihrer Wurfbox im Wohnzimmer und war sehr unruhig. Wir hatten schon Angst, dass die Jungen keine Milch bekamen, aber das war nicht das Problem. Sita wollte sich einfach nicht beruhigen. Wir stellten die Wurfbox woanders hin. Dann noch woanders und noch woanders. Sie wurde nicht ruhiger. Dann kam mir der rettende Gedanke: Als wir Sita damals bei der Züchterin abgeholt hatten, wurde sie aus dem Keller geholt. Also nahm ich die Wurfbox und brachte sie in den Keller. Und man glaubt es kaum, aber ab da hatten wir die glücklichste Hundemutter der Welt.

Die beiden Welpen waren, einer ganz schwarz und einer ganz braun, jeweils mit einem kleinen weißen Fleck auf der Brust ausgestattet und herzerwärmend süß. Ihnen beim Aufwachsen zuzuschauen, war eine große Freude für uns. Wenn man den Kleinen beim Spielen zusah, hatte man den Eindruck, kleinen Menschenkindern zuzuschauen. Rudi, der Braune, war ein Junge. Wenn Paula, das Mädchen, mit etwas spielte, kam Rudi angerannt und machte es kaputt.

Am Ende des Sommers wollten wir beide Welpen weggeben, aber nur an Menschen, die wir mochten. Es meldete sich ein Ehepaar, die Rudi nehmen wollten. Paula war schon unseren Bäckerfreunden versprochen. Als sich die Leute mit Rudi beschäftigten, hatte ich schon die ersten Bedenken. Als die Frau dann sagte, wie sehr sie sich schon darauf freue, mit Rudi auf dem Sofa zu kuscheln, da wussten wir, dass das nicht gehen würde, denn Rudi war ein Draufgänger und von Kuscheln hielt er gar nichts. Wir machten keinen weiteren Versuch, ihn abzugeben, und waren sehr glücklich darüber.

Leider wurde Rudi nur neuneinhalb Jahre alt, dann mussten wir ihn von einem Krebsleiden erlösen. Sita überlebte ihn um mehrere Jahre. Drei Wochen vor ihrem 15. Geburtstag haben wir ihrer Altersschwäche und Demenz ein Ende gemacht. Ein sehr stolzes Alter für einen großen Hund. Alle Tiere, über die ich hier geschrieben habe, haben einen festen Platz in unseren Herzen.

Wie oben schon einmal angedeutet, haben meine neue Frau, ich und unsere gemeinsamen Kinder in unserer gemeinsamen Zeit viel unternommen. Auch Freunde spielen in unserem Leben eine große Rolle. Mit meinem ältesten Freund und neuen gemeinsamen Freunden haben wir außer Ski- auch Segeltouren unternommen.

Vor vielen Jahren hatten wir Männer gemeinsam den Segelschein erworben. Für mich war das nur ein Spaß, auch weil ich damit die Sportbootlizenz erworben habe, die mir wichtiger erschien. Aber für meinen Freund war Segeln eine Passion. Er wollte Käpt'n auf einem Segelboot sein. Mir reichte es, dabei der Vorschotmann zu sein. Eine gemeinsame Tour vor vielen Jahren ging gründlich schief. Die beiden anderen Männer wollten unbedingt beide Käpt'n sein, was im Ernstfall eine sehr schlechte Voraussetzung für einen Segeltörn ist. Wir hatten zwar zusammen den Segelschein gemacht, waren aber noch nie zusammen auf einem Boot gefahren. Jetzt waren wir am Meer – da hatten wir vorher auch noch nicht gesegelt. Und das auch noch in einem fremden

Land, dessen Sprache wir nicht verstanden. Als wir gleich nach unserer Ankunft das Boot klarmachten und rausfuhren, waren wir in der großen Bucht von Rosas praktisch das einzige Boot, das draußen war. Das kam mir schon etwas seltsam vor. Als wir dann allmählich aus dem Windschatten der Berge herauskamen, wusste ich auch warum: Hier gab es heftig Wind und ordentlich Welle. Wir erhielten immer wieder kräftige Windschläge und fuhren teilweise mit bedenklicher Krängung. Ich rief den anderen zu: »Lasst uns ein paar Schläge reffen.« Die Antwort der beiden wie aus einem Munde: »Bei uns wird nicht gerefft.« Das genügte mir, um den Kapitänswettkampf nicht weiter mitzumachen. Ich sagte ihnen, dass ich in diesem Urlaub nicht mehr mit ihnen segeln würde.

Danach war viele Jahre Funkstille in Sachen Segeln, aber mit neuen Freunden machten wir einen neuen Versuch. Mit sechs Personen mieteten wir uns ein Segelboot auf Ibiza, diesmal ohne konkurrierende Kapitäne. Es lag an der neuen Promenade von Santa Eulalia und war 39 Fuß lang. Jedes Paar hatte eine schöne Kabine. Wenn wir im Hafen lagen, dann spazierten die hübschesten Menschen der Welt leicht bekleidet an uns vorüber und wir saßen da, tranken Rotwein, aßen Käse und machten auf dicke Hose. Es war einfach nur herrlich. Einmal fuhren wir rüber nach Formentera. Kurz bevor wir die kleine Insel erreichten, begann ein lautes Gezeter im Funkgerät. Alles auf Spanisch, sodass, außer dem Käpt'n, niemand etwas verstand. Ich fragte meinen Freund, was da los sei? Er meinte, die Spanier würden einfach spinnen, da sei immer so ein Terror im Funkgerät. Mir war aber klar, dass er mir nicht die Wahrheit sagte. Er hatte versucht, noch einen Liegeplatz im Hafen zu bekommen, aber da war alles dicht. Also mussten wir uns außerhalb der Hafenmauern einen Platz zum Übernachten suchen. Nach einiger Zeit hatten wir den richtigen Platz zum Ankern gefunden. Unser Käpt'n warf den Anker und wartete eine Zeit lang, bis sich das Boot so in den Wind gelegt hatte, dass es stabil war. Dann holte er aus einer Rödelkiste einen zweiten Anker und sprang mit ihm ins Wasser. Spätestens da wusste ich, dass über Funk ein Sturm angesagt worden war, denn den zweiten Anker benötigt man nur bei starker Strömung oder Sturm. Er musste vier oder fünfmal tauchen, bis er den Anker zu seiner Zufriedenheit befestigen konnte. Danach war er ein wenig entspannter. Dann zog im Westen eine bedrohlich schwarze Gewitterfront auf und er musste uns reinen Wein einschenken; über Funk war tatsächlich die ganze Zeit vor dem aufziehenden Gewitter gewarnt worden. Wir aßen ein bisschen und warteten gespannt, was da kommen würde. Und was dann kam, das hatte ich auf dem Wasser noch nicht erlebt. Es war finster wie in tiefster Nacht. Unser Boot zerrte an seinen Ankerketten. Wir waren alle mit Schwimmwesten bewaffnet und an Deck. Es regnete und stürmte immer heftiger. Eine der Frauen an Bord rief ihre Tochter an, um sich von ihr zu verabschieden, für den Fall, dass sie über Bord gehen würde. Jetzt zeigte sich die seefahrerische Qualität unsers Käpt'ns: Er hatte die zwei Anker sehr sorgfältig ausgebracht. In der Dunkelheit sahen wir mehrere Boote an uns vorübertreiben, raus aufs offene Meer, die nicht so stabil verankert waren wie unseres. Nach zwei Stunden war der Sturm vorbei und wir konnten schlafen gehen. Die Mannschaften auf den losgerissenen Booten hingegen schossen Leuchtraketen ab, um sich zu orientieren, und mussten bis zum Morgengrauen Wache schieben und aufpassen, dass sie im Dunkeln nirgendwo aufliefen. In dieser Nacht hat unser Käpt'n sein Meisterstück abgeliefert und jeder auf dem Boot war dankbar und zollte ihm Respekt für seine seemännischen Qualitäten.

Die Reise im Jahr darauf war keine Meisterleistung und es gab sehr viel Ärger und eine Gerichtsverhandlung. Unser Käpt'n wollte in dem Jahr bei den Chartergebühren sparen. Statt an der Promenade von Santa Eulalia lag unser Boot in dem Jahr ganz weit draußen. Eigentlich war da schon kein Steg mehr, sondern nur noch ein Holzbrett, über das wir aufs Boot klettern mussten. Bei der Übergabe vom Vercharterer war ich dabei und schaute meinem Freund über die Schulter. Ich sah unter Deck an der Instrumententafel eine rote Lampe leuchten. Meine Nachfrage wischte der Vercharterer weg und sagte: »Kaputt.« Na gut. Kurze Zeit später ging es los. Wir fuhren mit leichter Krängung und ich saß mit einer der Frauen auf der Leeseite. Im Hafen hatte ich einen leichten Fäkalgeruch wahrgenommen, was ja immer mal vorkommen kann, aber auf dem offenen Meer durfte es eigentlich nicht mehr nach Scheiße riechen. Ich schaute mich um, ob ich die Ursache für den Gestank ausmachen konnte. Dann blickte ich an der Außenwand des Bootes entlang und traute meinen Augen nicht: Aus einem kleinen Auslass in der Bordwand, 30 oder 40 Zentimeter oberhalb der Wasserlinie, lief die Scheiße aus dem Boot. – Das war der Überlauf vom Fäkalientank. Die rote Lampe hatte angezeigt, dass er bis oben hin voll war. Der Käpt'n versuchte nun mit allen Tricks, den Tank auf offener See zu entleeren, aber es funktionierte nicht. Also beschlossen wir zurückzufahren und den Vercharterer aufzufordern, das Problem zu lösen. Wie sich herausstellte, war dieser Segeltag damit schon mal erledigt. Die übrigen Tage verliefen dann zwar relativ normal, aber die Reise war irgendwie im Eimer. Dann strengte unser Käpt'n auch noch eine Klage gegen den Vercharterer an und wir mussten ein halbes Jahr später 1.000 Kilometer zu einer Gerichtsverhandlung fahren. Unser Käpt'n hatte auf Nichterfüllung des Chartervertrags geklagt und jeder Mitfahrer bekam dann 70 Euro vom Reisepreis zurück und die Anreisekosten zur Gerichtsverhandlung erstattet.

Meine Segelkarriere begonnen habe ich als Surfer. Ich war einer der Ersten, die in dem Revier am Dümmer See mit einem Surfbrett fuhren, seinerzeit noch heftig beschimpft von allen Seglern – die Surfer haben nämlich Vorfahrt. Das hat die Segler höllisch aufgeregt, zumal die Surfer selber von den Vorfahrtsregeln überhaupt keine Ahnung hatten. Einmal surfte ich vor Fuerteventura. Ich bekam mit, dass ein kleiner Kutter mit Touristen rausfuhr, um Haileinen auszulegen, die sie am nächsten Tag wieder einholen wollten. Der Kutter fuhr eine günstige Strecke, sodass ich ihm mit einem Halbwindkurs folgen konnte. Durch den günstigen Kurs war ich genau so schnell wie der Kutter. Als ich mich einmal umdrehte, sah ich, dass ich schon sehr weit vom Land entfernt war. Dabei kam mir der Gedanke, dass es nicht so richtig klug sein konnte, hinter einem Schiff herzufahren, das Haie fangen wollte. Also machte ich kehrt und fuhr zurück. Als der Kutter am nächsten Tag seinen Fang anlandete, traute ich meinen Augen kaum: Er hatte zehn oder zwölf Haie gefangen, der größte war über drei Meter lang. Als sie an Land lagen, ging eine Touristin zu den toten Tieren und faste mit den Fingern in eines der offenstehenden Mäuler. Sie strich mit den Fingern über die Zähne und schon floss Blut. Die gezackten Zähne eines Hais sind einfach messerscharf.

Im Sommer 2009 wurde unser erstes Enkelkind in Hamburg geboren. In der Zeit der Schwangerschaft meiner Tochter hatte ich einen Traum: Ich träumte ein Gedicht für den neuen Erdenbürger. Das Gedicht schrieb ich sofort in der Nacht auf. Nie zuvor hatte ich an ein Gedicht auch nur gedacht. Es geht folgendermaßen:

Ein Kleinstkind, dieses Wunderwerk,
halt ich entzückt im Arme.
Zart, klein, zerbrechlich noch, doch lebensstark,
kommt er mir vor, der Knabe.
Dein Leben soll voll Liebe sein,
vom Morgen bis zum Abend.
Was immer diese Welt bewegt,
gewähr Dir Glück und Gnade.

Der Junge ist bis heute ein wichtiger Teil unseres großen Glücks. Er ist ja nicht das einzige Enkelkind geblieben. Ein Mädchen von unserem ältesten und ein weitere Junge von unserem Jüngsten sind zu unserer großen Freude noch dazugekommen. Aber ein Gedicht zur Geburt habe ich nicht mehr erträumt.

Eine kleine Anekdote aus jüngster Zeit möchte ich noch erwähnen. Wir waren wieder mal auf einem Segelboot, drei alte Freunde mit unserem bewährten Skipper. Er besitzt jetzt ein eigenes Boot und es liegt in Mallorca im Hafen. Wir hatten Proviant gebunkert für eine Übernachtung in einer Bucht. In der Traumbucht angekommen legten wir den Anker aus und gaben uns dem entspannten Nichtstun hin oder gingen Schwimmen oder Schnorcheln. Der Käpt'n hatte uns gesagt, dass leider seine Toilette nicht genutzt werden könne. Er hätte sie zwar repariert, aber er wolle eine erneute Verstopfung vermeiden und unsere Geschäfte könnten wir ja im Wasser erledigen. Das verursachte zwar ein gewisses Stirnrunzeln bei uns, aber noch musste ja keiner groß. – Bis sich bei Herbert erste Anzeichen einstellten. Er fragte den Käpt'n, was er denn jetzt genau machen solle. Der riet ihm, ins Wasser zu gehen, sich ganz entspannt an die Ankerkette zu hängen und das zu tun, was er auf der Toilette in so einem Fall immer tun würde: drücken. Ich fütterte in der Zwischenzeit am Heck des Bootes die Fische mit leckeren Weißbrot-Krümeln. Herbert ging also ins Wasser. Nach etwa zehn Minute meldete er sich wieder an der Badeplattform und sagte mit verkniffenem Gesicht: »Käpt'n, ich kann das nicht.« Der hatte ein Einsehen und ließ ihn dann doch die Toilette benutzen. Nun haben solche Bootstoiletten eine Besonderheit: Nach vollbrachter Tat entsorgt man die Hinterlassenschaft mittels einer Vakuumpumpe direkt ins Meer. Diese Pumpe verursacht ganz typische Geräusche. Ich war noch dabei, die Fische zu füttern – fast ausschließlich Doraden –, als plötzlich das Pumpgeräusch zu hören war. Der gesamte Fischschwarm verschwand daraufhin augenblicklich unter dem Boot, um nichts von dem zu verpassen, was es jetzt zu verspeisen gab. Kein einziger Krümel von Herberts Ladung hat den Meeresgrund je erreicht und die biologische Vollentsorgung war sichergestellt. Sehr gerne erzähle ich diese Geschichte vor oder nach einer Doradenbestellung im Restaurant.

Und was war mit den Autos?

Ich blieb der Marke *Mercedes* treu. Der Trainer für positives Denken hatte uns so gepusht, dass wir uns trauten, einen *SL* zu kaufen. Das tut man als Bäcker eigentlich nicht. Was sollen denn die Kunden sagen? Und es stimmt. Wir hatten einen Lieferkunden. Die hatten ein sehr schönes Hotel in einer Kur-Stadt. Wir hatten für Hotels ein spezielles Konzept entwickelt, sodass sie ihren Kunden immer superfrische Brötchen zum Frühstück servieren konnten. Nur die Bestellvorgänge klappten beim Personal nicht so richtig. Es kam vor, dass ich am Samstagnachmittag angerufen wurde, noch Brötchen zu liefern. Also verband ich eine Fahrt im Privatwagen mit der Auslieferung der Brötchen. Als die Chefin des Hotels, die selber einen Porsche fuhr, mich mit dem *SL* die Brötchen bringen sah, konnte sie sich die Frage nicht verkneifen, ob die Brötchen jetzt teurer würden? Kurze Zeit später sprangen sie als Kunden ab. Daraufhin kaufte ich für Dienstfahrten einen *Audi A3*. Mit dem *SL* fuhr ich weit mehr als 100.000 Kilometer und hatte ihn sieben Jahre lang, dann kaufte ich mir einen *CLS 320* – das schönste und beste Auto meines Lebens. Diesen Wagen habe ich 13 Jahre lang und mehr als 250.000 Kilometer mit großer Freude gefahren. Aktuell fahre ich ein E-Klasse-Cabrio, vermutlich das letzte Cabrio in meinem Leben. Noch mal zur Erinnerung: Cabriofahren ist für mich eine lebenslange Leidenschaft. Mit 18 Jahren fuhr ich mein erstes.

Tja, und sonst? Das Leben ging weiter. Die Firma lief, mein Sohn wurde zum Nachfolger aufgebaut – Lehre, Meisterprüfung und Betriebswirtschaftsstudium. Aber dann wurde ich krank. War es eine Krankheit oder habe ich mich nur versteckt, weil meine Kräfte nachließen? Ich weiß es nicht. Ich machte plötzlich Fehler. Ich schätzte Dinge völlig falsch ein, was nachhaltig große Schäden anrichtete. – Bis meine Frau die Reißleine zog und mir sagte: »Du hast einen Burn-out.« Ich ging zum Arzt und bekam von ihm bestätigt, dass das, was ich ihm gerade über mich erzählt hatte, die beste Beschreibung eines Burn-outs sei, die er seit Langem gehört habe.

Die Therapie beinhaltete unter anderem auch Akupunktur. Ich kam recht schnell wieder aus dem Loch heraus, aber ich fand nicht mehr zurück in mein Arbeitsleben. Ich wollte nicht mehr. 40 Jahre – deutlich länger als mein Vater – habe ich die Geschicke der Firma geleitet. Wir hatten am Ende fast 200 Mitarbeiter in Brot und Arbeit. Die Firma litt unter meinem kurzfristigen Ausstieg, denn mein Sohn bekam nicht die notwendige Unterstützung von mir. Zwei Jahre später hielt ich es für das Klügste, für die Firma einen

Insolvenzantrag zu stellen. Was dabei passierte, würde ein eigenes Buch füllen. Unsere Firma wurde jedenfalls von einem größeren Kollegen übernommen und viele unserer wunderbaren Filialen gibt es nach wie vor.

Ich persönlich bin sehr gut aus der Insolvenz herausgekommen. Um Ersatzarbeitsplätze für die meisten Mitarbeiter bemühte ich mich persönlich. Mir wurde eine große Last von den Schultern genommen und ich kann mich heute anderen Dingen widmen. Zum Beispiel malen.

Die Nachkriegsgeneration im Westen Deutschlands, der ich angehöre, hatte wohl in der Geschichte der Menschheit das größte Glück überhaupt. Wir mussten keinen Krieg in Europa erleben. Wir haben nie wirklich Hunger leiden müssen oder eine Diktatur erlebt. Die Gesellschaft hat sich zu unseren Lebenszeiten unglaublich positiv verändert. Freiheit, Gleichheit, Brüderlichkeit sind zwar nicht vollendet, aber die Menschheit war noch niemals so nah dran. All das gilt es zu erhalten und weiter auszubauen. Dazu müssen die, die wir in die Welt gesetzt haben, jetzt ihren Beitrag leisten.

Mit künstlicher Intelligenz kommt jetzt noch ein ganz neues Thema mit ins Spiel. Der damit verbundene Umbruch wird mindestens so groß sein wie der nach der Erfindung der Dampfmaschine.

Corona hatte natürlich keiner auf dem Zettel. Damit wird die Welt vor neue riesige Probleme gestellt. Mit klugen Menschen an den richtigen Stellen wird auch die Pandemie beherrschbar sein. Ich werde es interessiert beobachten.

ENDE

Zeitfracht Medien GmbH
Ferdinand-Jühlke-Straße 7
99095 Erfurt, Deutschland
produktsicherheit@kolibri360.de